基于"互联网+"视角下的大学生就业创业问题研究

齐小琳　赵 倩　孙 静◎著

文化发展出版社
Cultural Development Press
·北京·

图书在版编目（CIP）数据

基于“互联网+”视角下的大学生就业创业问题研究 / 齐小琳，赵倩，孙静著．— 北京 ：文化发展出版社，2023.10

ISBN 978-7-5142-4155-6

Ⅰ．①基… Ⅱ．①齐… ②赵… ③孙… Ⅲ．①大学生－职业选择－研究 Ⅳ．① G647.38

中国国家版本馆 CIP 数据核字 (2023) 第 212936 号

基于“互联网+”视角下的大学生就业创业问题研究

齐小琳　赵　倩　孙　静　著

出 版 人：宋　娜

责任编辑：岳智勇　　　　责任校对：侯　娜

责任印制：邓辉明　　　　封面设计：守正文化

出版发行：文化发展出版社（北京市翠微路 2 号 邮编：100036）

网　　址：www.wenhuafazhan.com

经　　销：全国新华书店

印　　刷：天津和萱印刷有限公司

开　　本：710mm × 1000mm　1/16

字　　数：197 千字

印　　张：11

版　　次：2024 年 7 月第 1 版

印　　次：2024 年 7 月第 1 次印刷

定　　价：72.00 元

I S B N：978-7-5142-4155-6

作者简介

齐小琳，1980年出生于辽宁鞍山，祖籍吉林柳河，吉林电子信息职业技术学院创新创业与素质教育中心创新创业教研室主任，讲师职称，曾在《办公室业务》《北方文学》《才智》《经营管理者》《企业导报》《山东青年》《现代企业文化》《商场现代化》《现代营销》等各地省级以上期刊发表论文30余万字。

赵倩，出生于1988年8月5日，满族，中共党员，籍贯吉林省吉林市，毕业于北华大学，汉语言文字学专业，现就职于吉林电子信息职业技术学院，任创素中心素质教育教研室主任，讲师职称，参与编写《中华优秀传统文化读本》《中华优秀传统文化实践活动指导》《大学语文》《应用文写作》等教材，参与多项省、市级教科研项目的研究，指导学生参加多项创新创业大赛，获得过多个奖项。

孙静，出生于1981年5月6日，汉族，中共党员，籍贯吉林省吉林市，毕业于长春师范大学，艺术设计专业，现就职于吉林电子信息职业技术学院，任创素中心素质教育教师，讲师职称，参与编写《中华优秀传统文化读本》《中华优秀传统文化实践活动指导》《美育教育》等教材，参与多项省、市级教科研项目的研究，指导学生参加多项创新创业大赛，获得过多个奖项。

前　言

随着我国高等教育大众化、用人机制市场化、产业结构调整等进程不断深入，如何使最具创新精神和创业潜力的大学生群体持续提升就业创业竞争力，成了高等教育的一个重点课题。大学毕业生作为青年群体的重要组成部分，其就业问题一直是我国重要的民生难题之一。互联网的快速发展对大学毕业生的就业生态有何影响、所引发的职业变迁趋势如何、对大学毕业生的就业行为有何影响等问题正在成为重要的学术探究议题。为了指导大学生提前做好职业规划和就业准备，成为我国现代化建设中高素质的生力军，有效推动“大众创业、万众创新”，本书特对基于“互联网 +”视角下的大学生就业创业问题进行了深入的研究。

本书第一章为理论综述，主要讲述了信息经济理论、技术进步是“创造就业”还是“破坏就业”、熊彼特学派的开创性理论、国内学者不同观点的争论几个方面的内容。本书第二章为“互联网 +”的就业形态，主要论述了信息技术对就业方式的改变、信息技术对企业组织的影响、信息技术对劳动力市场的变革、技术人才供需与市场匹配几个方面的内容。本书第三章为“互联网 +”视角下大学生就业的现状，主要讲述了互联网经济与大学毕业生就业促进政策的变化、互联网经济与大学毕业生就业的现状、互联网经济与大学毕业生就业面临的挑战、互联网经济对大学毕业生就业的影响趋势、“互联网 +”大学生高质量就业策略几个方面的内容。本书第四章为“互联网 +”大学生创业的问题探讨，主要讲述了“互联网 +”背景下大学生创新创业基础理论、“互联网 +”背景下大学生创新创业的培育方法、“互联网 +”背景下大学生创新创业支持体系构建、“互联网 +”背景下大学生创新创业的影响因素及路径选择几个方面的内容。本书第五章为大学生就业创业新思路：“互联网 + 农业”模式，主要讲述了“互联网 + 县域”成为农村经济发展新引擎、“互联网 + 农业众筹”拓宽农村农业发展路径、“互联网 + 品牌农业”打造互联网农业品牌、“互联网 + 营销”扩大农产品营销战略、“互联网 + 农业”大学生创新创业几个方面的内容。

在撰写本书的过程中，笔者得到了许多专家、学者的帮助和指导，参考了大量的学术文献，在此表达真诚的感谢。由于笔者水平有限，书中难免会有疏漏之处，希望广大同行及时指正。

齐小琳　赵倩　孙静

2023 年 4 月

目　录

第一章　理论综述

“互联网 +”不仅带来了经济形态的变革，也催生了新的就业形态和劳动关系。它带来的一整套的技术包括移动互联网、云计算、大数据技术等，在经济社会各个部门扩散，与制造、零售、金融和社会服务等传统领域的行业结合，形成新的商业模式和就业模式，“网约”“派单”等已成为当下就业潮流。与此同时，传统行业的就业模式不断面临新的挑战，让工薪阶层开始感受到来自人工智能的压力。对部分人而言，这是否意味着“工作的终结”？这又回到了经济学理论和实践中的一个“老”话题——技术进步与就业的关系。

从 18 世纪英国工业革命开始以来，随着蒸汽机、电力、电子计算机和通信技术的先后出现和广泛运用，先进的科学技术大幅提高了劳动生产率，提升了人们的生活水平。同时，随着技术的进步，在生产过程中自动化设备逐渐取代了人工劳动力。这种现象是否会导致失业问题的加剧，还是会有利于就业岗位和就业机会的增加，在经济学文献中一直是广受关注的焦点之一。本章主要介绍了信息经济理论、技术进步是“创造就业”还是“破坏就业”、熊彼特学派的开创性理论、国内学者不同观点的争论四个方面的内容。

第一节　信息经济理论

信息经济，是以现代信息技术等高科技为物质基础，以信息产业起主导作用，通过产业信息化和信息产业化两个相互联系和彼此促进的途径不断发展起来的一种基于信息、知识、智力的新型经济。在信息经济时代的各种工作中，知识发挥着核心作用，而且这种知识是具有普适性的，可以在不同工作和企业中迁移使用。公司利用知识和信息，可以增加工作的灵活性，这样就可以通过改进生产线和市场战略的方式来提高业务效率，而无须更换员工队伍。员工有能力在其职业生涯中多次转换工作、搬迁到不同地区并且在需要时学习新的职业技能。

一、弗里茨·马克卢普

弗里茨·马克卢普（Fritz. Machlup）是信息经济学的创始人。他于 1962 年发表了题名为《美国的知识生产与分配》的著作，并正式提出“知识产业”这一概念。他将知识产业定义为生产知识和提供信息服务或生产信息产品的组织或机构，给出了知识产业的一般范畴和最早的分类模式，它包括了教育、科学研究与开发、通信媒介、信息设施和信息活动等五个方面，并在此基础上建立起对美国知识生产与分配的最早的测度体系，即马克卢普的信息经济测度范式。① 为了区别于乔治·斯蒂格勒（George Joseph Stigler）和肯尼斯·约瑟夫·阿罗（Kenneth J. Arrow）的关于信息的成本和价格理论（微观信息经济学），学界通常把马克卢普的信息经济学成为宏观信息经济学。

在马克卢普以前，经济学界还不太重视信息知识问题。正如马克鲁普所言，“经济学家已经分析了农业、采矿业、钢铁产业、造纸业、运输业、零售业以及其他各种提供服务和产品的产业，但是他们忘记了分析知识生产。” ② 由于马克鲁普富有创造性的研究，第一次明确指出在一国经济中信息发展的意义以及发展知识产业的重要性，这个观点才为大家所接受。随后其出版的《知识产业》，使得“知识产业的概念如同炸药包一样，把传统经济学甩到半空中”，③ 对经济学家造成了很大的冲击，尤其是日本反应迅速。当时的日本，信息化社会已经作为一种独特的思想出现，对信息产业和知识产业的关注与日俱增，其中具有代表性的成果是梅棹忠夫于 1963 年发表的《信息产业论》。

二、马克·波拉特

继马克卢普后，身为经济学家的马克·尤里·波拉特（Marc U. Porat）以

---

① 马克卢普．美国的知识生产与分配 [M]. 孙耀君，译．北京：中国人民大学出版社，2007.

②（美）弗里茨·马克卢普著．美国的知识生产与分配 [M]. 北京：中国人民大学出版社，2007.

③ 杨列勋．信息经济学的分野和情报经济学的归属 [J]. 情报学报，1992.11（6）：475-480.

分析美国各行业信息活动的贡献为基础，推断出信息业正在快速发展壮大。这个行业正在以惊人的速度扩张，其年增长率和总产值已经达到或甚至远胜传统产业，成为在传统产业之后兴起的另一个重要的支柱性产业。另外，马克·波拉特提出了一种创新的宏观经济架构理论，将经济全局划分为四个独立的行业领域，包括农业、工业、服务业和信息业。

波拉特借鉴了马克卢普的研究方法，完成了他的博士论文《美国信息经济分析》，并在此基础上形成了专著《信息经济》（1977年出版），成为世界各国对信息经济学进行研究以及对信息经济进行测度的典范之一。波拉特认为，信息经济理论的目标之一是探讨信息商品及服务的生产、处理、流通所创造的财富在美国国民财富中占有多大的比重，从而分析美国经济结构的变化与未来发展趋势。波拉特为信息经济的测度提供了一整套的理论方法。①

第一，对信息活动、信息资本、信息劳动者、信息职业等若干概念给出合理的、具有经济意义且可以量化的定义，为理论分析的量化奠定基础。马克·波拉特将职业分为信息类和非信息类，前者包括大约30个小类，其中约有28个小类职业具有明显的综合特征；他还把社会劳动力划分为三类：从事信息工作的劳动者、从事非信息工作的劳动者和同时具备上述两种特征的劳动者。根据他的观点，随着人类、商业和政府对信息的需求越来越高，社会上会出现一群专门从事信息生产或提供信息的人，被称之为信息劳动者。马克·波拉特把422个职业分成了五类信息劳动者，这五类是根据职业特性来分类的，包括从事知识生产、知识分配、市场调研与管理、信息处理和信息机械操作等领域的信息劳动者。

第二，从市场的角度看，信息经济的结构可通过信息市场的供需关系进行分析。换言之，考察信息市场中信息的供应和需求的关系可帮助我们了解信息经济的组成。波拉特将国家信息部门划分为一级和二级信息部门，其标准是它们提供的信息产品或服务是否参与市场交易。一级信息部门，指那些主动参与市场交易、向市场提供商品或服务价格信息的企业，它们是信息市场的中心，也是市场最主要的信息提供者。此领域涵盖的范畴较为广泛，囊括了电脑制造、通信、出版、媒体、营销广告、财务会计、教育培训等许多不同行业。二级信息部门，指的是

① 波拉特．信息经济论[M]．李必祥，钟华玉，吴桦，等译．长沙：湖南人民出版社，1987．

专注于满足政府机构或信息技术企业内部信息需求的部门，其主要任务是提供优质的信息制作及相关服务。

第三，根据信息活动的特性进行分类，分为市场和非市场两种类型，并设计可行的评估方法，构建相关测度体系。波拉特根据美国“国家产业划分标准”（SIC）中的116个信息行业之间的相似之处，将它们分成8个大类，并据此进行了一级信息部门的构建。在国家或地区经济普查或统计调查中，各产业已经被详细划分，因此建立一级信息部门相对较为容易。通过采用这些方法，我们能够建立一个账户体系，使其与国民收入和生产账户相一致。相对于一级信息部门，二级信息部门的组织架构更加复杂，因为其保持运营所需的资源投入更为充足。通过对这些投入的评估，我们可以计算出这些部门中的“准市场”信息服务的价值，即那些不直接参与市场竞争的服务。

哈佛大学的丹尼尔·贝尔（Danniel Bell）教授，在其《后工业社会的进展与信息化》的论文中指出，首先，波拉特理论的优点在于其使用了最先进的研究方法，并且除了运用三种不同的方式来衡量经济中的信息活动问题，他还借助了产业联系表。所以，我们能够对马克卢普教授论证的第一次信息部门进行分析，还可以更深入地探究不同部门之间的互动关系。其次，波拉特博士的观点新颖，其精彩部分就是第二次信息部门的新构思。这一新构思阐明了非信息产业中的信息关联业务的重要性。最后，将就业结构的变化分为四个部门进行分析。以前广泛使用克拉克的产业三分类法：第一产业、第二产业、第三产业。波拉特使用四分类法：农业、工业、服务业、信息业，成功把握住了美国就业结构的变化。

在波拉特之后，越来越多的人开始普遍认同和接受将信息产业视为一个独立的产业这一做法。一些国家和地区已经明确将国民经济视作四个行业的体系，并运用波拉特法来衡量信息经济的规模。从1981年开始，波拉特所倡导的理论和方法就已经被国际经济合作与发展组织认可，并被作为评估各国信息经济水平的重要标准。

三、国内学者的研究

随着信息技术革命的逐渐展开并影响越来越广泛的领域，在20世纪80年代中期，全球掀起了一场新的技术革新浪潮。这一趋势也促进了信息经济学在发展中国家的普及，弥合了发达国家与发展中国家之间的知识鸿沟。从那时开始，我国的学术界开始研究信息经济学并引起了广泛关注。1987 年和 1988 年，两次全国经济理论研讨会的举办集中讨论了诸如经济信息理论和信息经济理论等议题。1989 年，中国成立了信息经济学会，并在北京举行了全国性的信息经济学学术研讨会。

乌家培等人把信息经济学的研究内容分为三大部分，即信息的经济研究、信息经济的研究、信息与经济间关系的研究。[①] 对这三个方向逐一探究，可以更深入地了解信息经济学的本质。信息经济学的探究领域主要围绕着信息的成本和收益、信息资源的分配与管控，以及信息系统的经济分析。研究信息经济的核心在于深入探究信息产业的发展演变过程和规律，该领域的研究内容包括但不限于以下方面：测算信息经济的规模和发展趋势，并探讨其发展规律；与国家经济和信息技术相关的议题。研究信息和经济间的关系的重点在于，当经济主体面临信息不对称时，这种情况对其行为带来的影响。在信息经济学中，制定激励机制可以防止交易活动中的欺诈行为，并且通过解决市场信息不对称问题，提高市场运行效率。参照这三大部分，本书主要侧重“信息经济的研究”，研究信息经济中的就业问题。

国内对信息经济的定义以经济形式为基础，通常有三种具备代表意义的观点。首先，乌家培教授将信息经济划分为广义的信息经济和狭义的信息经济，两者之间存在不同之处。广义的信息经济是一种重要的经济形态，它强调非信息产业与其之间的紧密联系和互相协调；狭义的信息经济只适用于信息部门，而对于农业、非信息制造业以及服务业等其他经济领域则不适用，我们可以将其视为类似于波拉特所描述的“非常规行业”。其次，据国家信息中心称，信息经济以信息产业和信息化为主要特征，是一种特殊的经济形态。信息经济着重于大力推广信息化技术，并促进新兴产业的发展，这是其核心所在。最后，据“中国信息化百人会”的定义，信息经济是指在整个社会中进行信息生产、信息服务、信息技术和融合应用的一种经济总体。

目前信息技术的创新和应用正处于蓬勃发展的时期。随着新一代信息技术如物联网、云计算、大数据的不断发展与推广，新兴产业也在不断地创新应用，进

① 乌家培，谢康，王明明．信息经济学 [M]. 北京：高等教育出版社，2002.

而深刻地改变着人们的生产和生活方式。新一代信息技术与传统产业的融合和渗透，可以促进产业的升级转型。随着时代的发展，我们已进入了互联网信息经济时代。2015 年，李克强总理在政府工作报告中提出了“互联网 +”行动计划，该计划的目的是推动互联网行业的发展。中国的学术界在多个领域、不同层面上探究着“互联网 +”战略的发展。主要包括互联网核心产业链研究、新一代信息技术与中国传统产业深度融合的研究、互联网经济模式促进新型业态发展的研究以及在此衍生的工作就业、制度规范等一系列问题。

第二节　技术进步是“创造就业”还是“破坏就业”

信息经济与就业的核心理论关系就是技术进步与就业的关系。学者们关于技术进步对就业的作用并没有形成统一观点，主要是技术进步的就业效应具有双重性，即技术进步一方面“破坏”了大量工作机会，但同时又创造出一系列新的工作岗位。早在 18 世纪中后期，包括亚当·斯密、萨伊、西斯蒙第、李嘉图、马尔萨斯、马克思、穆勒等一大批经济学家就对技术进步的就业效应给予了高度的关注，并形成了两种对立的观点：一种认为技术变动对就业的负面影响是短期的，这被后来经济学说发展为不可避免的摩擦性失业问题；另一种则认为技术进步而致的失业是长期的。虽然目前为止理论界对技术进步与劳动力就业的关系仍没有统一的结论，但争论的立场主要是技术进步对就业的“创造与补偿机制”及“破坏机制”两个方面。所谓技术进步对就业的“创造与补偿机制”，是指由于市场机制本身的自发作用所产生的一种就业自动创造与补偿，以抵消技术进步所带来的劳动力节约，这种节约也就是“破坏机制”。

一、古典经济学理论的论述

在古典经济学阶段，亚当·斯密在他的经典著作《国民财富的性质和原因的研究》中提到，国家财富的增长需要基于“生产性”劳动力的提高，而这种提高会导致就业结构的改变。随着就业格局的演变，工人们可以通过多种途径寻找新的职业机遇。他们有多种选择：一是在原工厂继续工作（前提是销售市场足够）；二是转向制造新型机器；三是改行，从技术进步带来的其他行业中寻找就业机会。

从这个角度来看，就业机会并不因技术进步而减少。从亚当·斯密的研究开始，后来的古典经济学家特别关注了技术进步对就业的影响，尤其是机器的发明和应用。根据穆勒、麦克库洛赫、托伦斯、西尼尔等学者的看法，在引进机器之后，工人有可能面临失业，但他们会因此获得更多的空闲时间和资本补偿。所以，古典经济学家对于技术进步和就业的看法，可以归纳为“机器问题”和“补偿理论”。他们相信技术进步会带来更多的好处而不是坏处，因此应当积极推进技术进步。而后，以萨伊、李嘉图、西斯蒙第和马尔萨斯等人的观点为主的意见开始具有较大的影响力。

古典经济学派根据萨伊于1803年在《政治经济学概论》中提出的“供给会自动创造需求”的观点，以及“一切储蓄必然全部转化为投资”的前提，提出资本主义根本不会存在失业的论断。庇古也从传统的经济学理论基础出发，进一步认为，如果资本主义条件下存在失业的话，那也只是“自愿失业”和“摩擦性失业”，这与资本主义自由竞争制度下的“充分就业”是不相悖的。古典经济学派的分析思路是：劳动的供给和需求都取决于实际工资水平，劳动的需求与实际工资水平呈反向变化，而劳动的供给与实际工资水平呈同向变化，由于劳动力市场是完全竞争的，工资可以适应劳动力市场供给变化而迅速变动。萨伊认为，由于技术进步，企业会解雇一定数量工人，这是不可避免的摩擦性失业问题；但是技术进步将导致产品价格下降，从而刺激消费需求上升，厂商因此增加投资，由于技术的进步而解雇的工人被重新吸纳，劳动力将再次达到均衡，实现充分就业。

李嘉图较早地进行了技术进步对就业“双面效应”的影响研究。他一方面肯定了技术进步对就业的正向作用，另一方面又认为机器的发明损害了劳动阶级的利益。李嘉图认为，机器的大规模使用将会增强生产力、减少费用、拓宽产品范围、降低价格，进而促进就业增长。他强调，虽然技术变革可能会在短期内影响就业机会，但从长远来看，这必将对就业产生积极影响。只有当技术进步所带来的剩余增长超过工资增加时，企业才会选择采用新的发明或创新。如果不运用这些技术的进展，就无法使用它们。随着可用资本的增加，资本积累速度加快，这将刺激就业率快速增长。此外，他还坚称固定资产的更新速度相对较慢，这将为开展新的投资提供契机，而技术进步对工资水平的影响相对较小，甚至可能推动工资水平上升，因此重新聘用曾被替代的工人是一种可行的解决方案。“节约劳动的机器除了会带来暂时性的困难之外，只会给消费者的所有阶级带来好处。”[①] 机器能够节省人工成本。随着机器的广泛运用，它们已取代了人力劳动的，这已不只是暂时的挑战。因此，李嘉图改变了看法，“劳动阶级认为采用机器往往有损于他们的利益的看法并非基于成见和错误，而是符合于政治经济学正确原理的”。[②] 另外，他还持“机器会取代人”的观点，在学术领域，这种矛盾观被称为“李嘉图之谜”，这是因为技术进步带来的就业增长会引起结构性失业难题的出现。

也就是说，技术进步是一把“双刃剑”，它在促进就业增加的同时，也产生了结构性失业问题。西斯蒙第相信技术的进步将导致更多人失去工作，并预言将出现一种类似于“按电钮”制度的情况。据西蒙斯第所著的《政治经济学新原理》所言，过多的劳动力和贫困现象是由于就业市场需求变化，手工业者收入低下和生活不稳定导致的。这种过剩的劳动力和贫困现象与科技进步、机械化等因素紧密相关，因为技术的发展可能导致失业和贫困。而马尔萨斯的观点是，若技术更新速度过快，会促进资本积累，但市场须同步扩张，否则会导致失业问题。马尔萨斯曾经表示，技术的发展有可能导致许多人失业，让许多人面临职业淘汰的风险。这将会使就业机会变得更加有限。

二、马克思关于技术进步对就业的双重影响说

马克思所处的时代，是资本主义第一次工业革命时期，也就是资本主义生产方式从传统手工业到机械化大生产的转型期。在那个时代，马克思是较早注意到技术进步会给就业带来负效应的经济学家，即所谓的“机器吃人”的现象。马克思从正反两方面对技术进步和就业的关系进行了深刻阐述。这些理论对我们研究信息经济时代的就业问题有很大的启发。

根据马克思在《资本论》中的研究，资本有机构成的变化会导致技术进步对就业产生不利影响。随着资本主义生产方式向工业化阶段的机器化转变，工人逐渐扮演被资本所支配的角色，因为机器在生产过程中逐渐代替了他们。在这种情况下，资本主义会转变生产方式，开始将自然力与人力结合起来，同时运用科学知识提升生产效率，而不再单纯地依靠经验。按照这种生产模式，随着时间的推

① 李嘉图．政治经济学及赋税原理[M]．周洁，译．北京：华夏出版社，2005．

② 李嘉图．政治经济学及赋税原理[M]．周洁，译．北京：华夏出版社，2005．

移，手动劳动时代的工人地位发生了转变。现今经济发展中，劳动力供给已经超过了需求，成了经济发展的新的制约因素，剩余劳动人口也大量增加。

马克思使用资本的有机构成理论，揭示了在资本积累过程中所发生的一种变革。在资本领域，“C/V”符号代表资本的有机构成，即表示“固定资本／可变资本”。资本主义的有机构成不断提高是随着历史的演进而逐步实现的，这是由于资本主义生产的最终目标是追求剩余价值和利润。为了保持竞争优势，资本家将持续引入和升级技术，改良机器设备，并提高劳动生产率。这些举措会导致总资本中可变资本的比例逐渐减小。随着总资本的扩大，总资本中用于支付劳动力的可变资本部分也会增加，但是其增长速度越来越慢；各种资本生产方式呈现有机构成变化的时间点是不同的。在这种情况下，资本有机构成的变化将引起两种劳动力需求情况的出现：一是即使资本有机构成不变，但随着资本的进一步增加，劳动力需求量会比原有的资本更少，但总的劳动力需求量会增加；二是在增加资本的有机构成的同时，原本需要雇佣同等数量的劳动力的资本现在不再需要那么多的劳动力，这会导致部分劳动力失去工作。假设解雇的人数大于新投入的劳动力，劳动力总需求将会减少。总资本可变组成部分的大小决定了对劳动力的需求，而非由总资本大小决定。因此，随着总资本的增长，劳动需求会递减，而非像以前假定的那样按比例增加。

这样，相反方向的运动形成了资本主义的相对人口过剩。因此，工人人口本身在生产出资本积累的同时，以日益扩大的规模产出使他们自身成为相对过剩人口的手段。这就是资本主义生产方式所特有的人口规律。

另外，随着资本主义生产方式的改变和经济的发展，劳动力市场的供应量不断增加。随着技术的不断进步和机器的广泛运用，尤其是机械化和流程化作业的流行，许多职位对于劳动者的技能和体力要求越来越低。因而，如今许多先前未能融入劳动力市场的群体，如女性、儿童和残障人士，都将会得到参与其中的机会。随着科技的不断进步和竞争的日益激烈，手工业和小型生产商正在迅速分化。许多农民被迫放弃土地，而小规模手工业者则面对着资本外流的挑战，只有通过进入劳动力市场来谋求生计。另一方面，由于竞争激烈，一些中小型资本家纷纷倒闭破产，他们不得不加入劳动力市场。尽管资本不断扩大，但其组成方式发生了改变，从而未必会增加对劳动力的额外需求。此外，劳动力市场供应也会迅速增长，相应地，资本主义的相对过剩人口是由于相反方向的运动形成的。因此，我们可以推断出，随着资本逐渐积累增加，工人的人数也不断增加，并逐渐成为相对过剩人口的一种表现方式。这个规律只存在于资本主义生产方式中。

随着市场竞争的加剧，资本家为了保持竞争力，被迫采取提高生产效率的手段，以不断提升资本有机构成水平，马克思在《资本论》中对此进行了深入探讨。当资本有机构成提高时，虽然投入资本的数量增加了，但企业所用的劳动力数量并没有显著增加，导致失业率上升；随着技术革命的进步和机器更新换代的推动，资本的成分也会发生变化，这将导致就业结构相应地发生变化，一些在劳动力市场就业的人可能会面临失业的风险。这种双重影响，导致在资本主义社会中出现了数量庞大的“产业后备军”，他们对劳动力的需求过剩。虽然就个人角度而言，失业可能是暂时的或短期的，但整个社会会普遍存在劳动力失业的问题。随着资本技术的不断发展，备用工人队伍不断增加，这导致越来越多的工人无法脱离绝对和相对贫困的困境。随着社会化大规模生产的发展，资本技术不断提高，劳动力需求无论是绝对还是相对都会减少，这是无法避免的。

马克思在探讨技术进步对就业产生负面影响时指出，在使用机器时会不可避免地挤占工人的岗位，但同时也可能会刺激其他领域的就业增长。由于科技不断的进步和生产方式的改变，资本所占比重不断增加。尽管科技减少了很多工作机会，但它也产生了很多新的工作岗位，这对于推动资本主义的生产方式扩展和再生产是有益的。此外，《资本论》中提出的理论是：第一，技术进步可以带来更多的利润和剩余产品，而这些利润和剩余产品可以促进工厂扩张，创造更多的就业机会，从而实现更大规模的积累和利润，有助于推动再生产的扩大。第二，一些领先企业正在积极引入先进技术，旨在提高生产效率并获得更多利润，这将提高整个社会的劳动生产率。而这种提高劳动生产率的作用会带来许多好处，如降低生产和生活成本、增加就业机会。此外，这也将促进就业规模进一步扩大，并促进相关产业的发展，从而进一步扩大就业市场，增加劳动力需求。然而，尽管应用机器可能会替代某些工作岗位，但其也会推动其他劳动领域的就业增长。在某些情况下，由于技术日益发展，单位资本对劳动力需求的下降以及整体就业规模的扩大可能同时出现。需要注意的是，马克思研究了技术进步如何积极地促进整个经济系统在扩大再生产和生产要素变革方面取得地发展。

综上所述，可以得出这样的结论：在马克思的《资本论》中，随着技术的不断进步，人力劳动的需求减少和社会就业机会的增加是两个密切相关的现象。马克思曾提出“资本构成”和“后备军”理论，他基于对生产力和生产关系的分析，探讨了技术进步对劳动力市场的影响。这项成就扩展了古典经济学家的研究领域，并为探讨技术进步和就业之间的关系提供了理论支持。然而，因为当时的历史条件限制，马克思尚未深入研究技术进步和就业之间的作用机理，他只是分析了种作用机理在资本主义社会中的表现形式。在此之后，熊彼特等知名经济学家通过推广理论的方法克服了这个限制。

三、新古典增长理论的观点

新古典增长理论主要是指以美国经济学家罗伯特·默顿·索洛（Robert Merton Solow）为代表的经济增长理论。索洛以柯布－道格拉斯生产函数为理论基础，推导出了一个新的增长模型。该模型假定：首先，资本－产出比率是可变的，资本与劳动之间可以互相替代；其次，假设市场是完全竞争的，因此价格机制发挥主要的调节作用；最后在不考虑技术进步的情况下，技术变化是不会影响资本－产出比率的，因而规模收益不变。

1960年，索洛和米德对索洛的经济增长模型进行了补充，在已有的模型中引入了技术进步和时间因素，修正后的模型被称为“索洛－米德模型”。之后索洛通过实验研究证明了技术进步是经济增长的重要源泉，第一次揭示出除了资本和劳动力投入之外，还有另外一种重要的要素——技术进步，技术进步对经济的增长做出了重要贡献。新古典增长模型是在古典增长模型的基础上进行改进和完善的，将物质资本投入和人力资本投入及外生的技术进步引入模型中，并提出了可以实际估算的技术进步对增长影响程度变量——全要素生产率，又称“索洛余值”。

基于生产函数的新古典经济增长理论研究了外部技术进步对经济增长的影响，同时研究了这种影响对劳动力市场的影响。预测和分析技术与劳动力就业的关系，可以通过探究生产要素之间的相互影响来实现。据此理论，技术进步被视为一种独立因素，不受其他因素影响。即使考虑到人力资源、资本等因素，技术进步仍在其中仍扮演着至关重要的角色。技术的持续发展可能导致总产量的增长。

值得注意的是，虽然技术进步可能在短期内对就业人数产生负面影响，但随着时间的推移，其对就业的长期影响有可能会得到平衡，并被产出的增长所抵消。

新古典经济学家研究了技术进步对就业的影响，并发现存在相应的补偿机制，它们可以抵消由技术进步带来的一些负面效应。这些机制的具体特点取决于参数的变化。第一，考虑新机器的用途和应用场景，引进新的生产工具来促进就业机会的增长。根据希克斯动态法的理论，只要所有盈利都被用于投资，那么技术性失业只会是一时的现象。第二，价格的下降。庇古效应和自动调节就业的机制会在价格的影响下发挥作用，这就要求引入先进技术，降低产品成本，提升国内外市场竞争力，拓展产能并促进就业创造。第三，新的投资。如果我们想象所有从技术创新中获得的利润都被用来进行投资，那么会发生两种就业效应的相互抵消。首先，收入足够将得到提高。随着技术的日益进步，成本将将逐渐降低，进而推动了利润的增长。当利润足够诱人时，雇主往往会增加投资，推动工人实际薪资的增长，从而激发出新的消费需求。其次，激励产生新的投资动力。一旦技术普及开来，将提高投资者对未来利润的预期。投资者会更倾向于增加投资规模，因为资本边际回报率的提高激发了他们的投资热情。这种情况会促进劳动市场的增长，增加就业机会。第四，劳动者收入逐渐下降。新古典经济学家在研究新古典补偿理论时，考虑了替代弹性和工资弹性这两个因素，用以解释当劳动者的工资下降时所产生的填补效应。第五，新的产品。我们可以通过研究福利效应和替代效应来推断出技术进步所带来的弥补或补偿作用。

从 20 世纪 80 年代中期开始，人们开始认识到技术自主创新对经济增长的重要性，很多学者积极研究与探索相关的经济理论，最终取得了令人瞩目的进展。基于这种新的经济增长模型，人们不再把技术看作是外在的、不可预测的因素，而是把它视为一种可以被投入资源并能够得到掌控的生产要素。也就是说，技术被视为经济增长的内源性因素。保罗・罗默（Paul M. Romer）和罗伯特・卢卡斯（Robert E. Lucas, Jr）是开拓性工作的主要贡献者。罗默所提出的新经济增长理论指出科技和知识的应用对于经济增长至关重要，这是因为它们可以促进投资的回报效益，从而推动经济持续发展。不久之后，对内在技术的改革的探讨成了研究现代经济增长的核心话题。

第三节 熊彼特学派的开创性理论

熊彼特提出创新和经济周期理论以来，我们进入了一个系统研究技术进步如何影响就业机制的全新时代。目前，学术界涉及多个重要理论，如新熊彼特学派和新增长理论等，这些理论旨在更全面深入地研究技术升级对就业的影响机制；这些研究的重点是讨论技术进步对社会带来的负面影响，即损失效应和技术进步所产生的抵消影响，以及技术进步在经济发展中所发挥的作用，具体从技能导向、资本导向和劳动力导向三个角度进行剖析。另外，这些理论还关注技术进步如何影响劳动力素质和劳动力市场结构。

1912 年，熊彼特提出了“创新理论”，并以此为基础推导出经济周期理论，以解释经济周期的循环和失业率的上升。熊彼特又提出“创新性破坏”的理念，指出技术进步是不平衡和不规则的，而且可能会引发经济周期和失业风险。根据熊彼特的观点，资本主义经济增长的真正动力不在于资本或劳动力，而应归因于技术创新；资本主义的动力来自多种因素，它们推动并维持资本主义的发展，这些因素包括创新的消费品、先进的生产和运输方式、新颖的市场模式，以及资本家企业提出的创新型产业组织形式等。在经济学中，一般将循环性失业和结构性失业做出区分，并进行比较和分析。然而，根据上述模式，我们可以推断出周期性失业在很大程度上与技术性失业有关。事实证明，那些失业时间超出正常水平且持续时间较长的时期，往往与推广和普及整个国民经济体系内的技术创新成果的时期相协调。

长期以来，熊彼特对技术进步所带来的就业效应的研究并未受到应有的重视。直到 20 世纪 70 年代初的全面滞胀危机再次把人们的注意力重新集中到熊彼特理论上。基于这一事实，社会上涌现出一个卓有影响力的技术创新新经济学派，又被称为熊彼特创新学派。这个流派将技术进步和就业视为结构变革的一部分并称其为“技术 – 经济”的范式，而且得出了许多有意义的结论。

一、技术进步的就业损失效应

菲利普·阿吉翁（Philippe Aghion）和彼得·豪伊特（Peter Howitt）于1994年在《通过创造性破坏实现增长的模型》（A Model of Growth through Creative Destruction）论文中，把劳动力市场的搜寻匹配模型与熊彼特的创造性破坏理论结合到一起，创立了一个从长期角度分析技术进步与就业的框架，重点分析了“创造性破坏”的直接效应和间接效应。该模型的理论假设前提是：①完全竞争市场条件下，人力资本要素价格以同等于或高于经济增长率增速的速度增长。在这里，技术进步提高经济增长率，对于企业实现利润最大化、提供就业机会产生影响。②技术进步对就业的破坏率不是外生不变的，而是内生地取决于技术进步的规模。阿吉翁和豪伊特将技术进步对就业的破坏内生化，构建了一个失业和增长的模型，即$u=1-m(1, v)\times s$。其中，u表示失业率，s表示劳动岗位的生命周期，m表示劳动力与空缺岗位的匹配速度，v表示空缺岗位，m是v的函数，等式左边和右边分别表示劳动失业和重新就业的流量。由公式可知，失业率由劳动力与空缺岗位的匹配速度m和岗位的生命周期s共同决定，或者说由空缺岗位的数量v和岗位的生命周期s决定。“创造性破坏”的直接效应是指当技术创新和进步的速度很快时，其所创造出的工作岗位的生命周期就会变短，技术进步对就业的破坏速度就会增强。

为了保持就业岗位，企业可以升级现有技术，或者使用新技术取代旧有的工作，使得企业更具竞争力。这些决策是考虑到技术更新带来的成本之后得出的。如果企业觉得技术升级成本过高，那么它们更有可能选择直接采用最新的技术。这种情形可能会使得现有职位不再适用，从而增加失业率。1930年，国际劳工组织发表的一份报告指出，技术进步导致的轻微失业，在技术应用方式、经济体系演变或其他因素影响下，可能会导致劳动力市场无法实现平衡。而技术性失业则是指随着技术的发展，某些职业岗位不再需要或被机器人、自动化设备等所替代而造成的失业现象。而技术性则取决于就业促进效应的大小。

技术进步促使企业不断用资本替代劳动力，出现所谓“技术性失业”问题，即二者呈现相互替代的关系。部分学者通过对德国16个行业的调查数据显示，德国就业量减少的最主要原因是需求的减少，其次为技术进步，而劳动力成本不是决定性因素。美国部分学者利用美国劳工部劳工统计局的就业统计项目数据，分析了研发密集型高科技产业的就业变动水平和就业结构，结果发现这类产业的就业在研发期内增长缓慢，对非农就业的贡献较小，且行业构成都指向服务业。

二、技术进步的就业促进效应

20 世纪中期，信息技术开始快速发展，人类迎来了信息技术革命的浪潮。信息技术进步引发了一系列以就业为代表的社会问题。西方发达国家开始重新关注技术进步对就业的促进效应，主要研究计算机技术的发展和就业的关系。新技术系统在新的经济发展周期产生的就业规模可能很小，但随着经济上升期的出现，大量就业机会就会产生。一些学者认为技术进步虽然摧毁了一些岗位的就业，但可以通过各种其他途径促进就业。关于宏观层面技术进步对就业的补偿机制。部分学者提出了一个多部门的模型，分析了英国 19 世纪 90 年代的大部分行业的就业，发现价格补偿机制最为有效，大约能占到 50% 的作用。后来，他们仍然运用之前的模型，分析英国 1985 年至 1995 年的就业状况，发现最有效的补偿机制是价格降低和增加新投资。可见，由于技术类型及各国经济结构等的不同，就业的补偿机制与技术进步的就业促进效应是不一致的，很难得出完全一致的结论。具体分析时，必须结合不同的技术类型以及各国不同的实际状况进行。

三、技术进步的技能偏向性效应

学者们关于技术进步对就业结构的影响，主要是从“不对等的技术进步率”和“不对等的资本密集效应”两个角度来进行的。第一，只是对不同部门的技术进步速度进行了对比，并没有涉及新旧技术体系的替代；第二，不仅考虑了技术进步速度的差异，而且考虑了新旧技术体系的替代。但在就业结构的变化过程中，必定会出现“就业漏损”，也就是由于不适应新技术劳动者失业现象的出现。20 世纪 90 年代，劳动经济学家普遍认识到这个现象。在劳动力市场中对高技能劳动力的需求压缩了对低技能劳动力的需求，使高技能劳动力就业比重不断扩大，而且劳动力市场的供给与需求决定了均衡的工资水平，使高低技能劳动力工资不平等现象不断加重，这主要是由技能偏向性技术进步导致的。

第四节 国内学者不同观点的争论

一、有关技术进步对就业影响效应的争论

第一，关于损失效应的分析。龚益认为，技术进步会引起非熟练劳动力失业增加和熟练劳动力就业的增加，由此导致结构性失业出现。[①] 宋小川认为，技术进步带来了经济增长的同时，导致就业机会的减少。[②] 姚战琪和夏杰长通过实证分析，发现影响就业的因素主要是工资、人力资本、技术水平等，其他因素对就业的影响并不明显，实证分析结果还表明，技术进步对就业的影响是负向的。[③] 朱轶、熊思敏使用数据包络分析的方法，估算了我国的经济总量和第二、三产业的全要素生产率，得出第三产业的技术进步抑制了我国的就业增长。[④] 赵利、王振兴用兰杰因果检测法证明技术进步是就业变化的原因，并用误差修正模型进行实证分析得出我国的技术进步在短期内对就业具有破坏作用。[⑤] 肖六亿从劳动力需求的角度分析了技术进步的损失效应和促进效应，认为，从整体上看，我国的技术进步就业的损失效应大于促进效应，每年带来约 3000 万至 3500 万的就业人口减少。[⑥] 冉光和、曹跃群基于中国 1952 年至 2004 年的统计数据，利用协整以及格兰杰因果关系等计量方法，研究中国的资本投入、技术进步、实际工资和劳动供需协调率（劳动需求量与供给量的比值），表明技术进步与劳动供需协调率之间呈现颇为稳定的负相关，技术进步加速了劳动力的市场的极化，弱化了经济发展对就业的促进。[⑦] 杜传忠、许冰基于我国 2000—2014 年省级面板数据，对技

---

① 龚益．技术进步对就业状态的影响 [J]. 数量经济技术经济研究，2001（9）：5–10.

② 宋小川．无就业增长与非均衡劳工市场动态学 [J]. 经济研究，2004（7）：91–96.

③ 姚战琪，夏杰长．资本深化、技术进步对中国就业效应的经验分析．世界经济，2005（1）：58–67.

④ 朱轶，熊思敏．技术进步、产业结构变动对我国就业效应的经验研究 [J]. 数量经济技术经济研究，2009,26（5）：107–119.

⑤ 赵利，王振兴．技术进步的就业效应：基于中国数据的经验分析 [J]. 北京工商大学学报（社会科学版），2010，25（5）：113–117.

⑥ 肖六亿．技术进步的就业效应量化研究．统计与信息论坛 [J]，2010，25（7）：47–52.

⑦ 冉光和，曹跃群．资本投入、技术进步与就业促进 [J]. 数量经济技术经济研究，2007（2）：82–91.

术进步、产业结构升级与就业的关系进行理论和实证分析，引入交互项进一步说明基于技术进步的产业结构升级对就业的影响。结果表明，技术进步对就业具有明显的抑制效应，产业结构升级对就业具有促进效应，而基于技术进步的产业结构升级对就业具有负向影响。此外，在不同区域，技术进步与产业结构升级的就业效应也存在明显差异。①

第二，关于创造效应的分析。王诚以熊彼特的创新理论为基础，认为创新只能增加就业。② 葛新权和金春华利用生产函数测定了技术进步促进就业增长的贡献率，认为技术进步可以增加就业。③ 童光荣和高杰构建了 20 世纪 90 年代以来的政府 R&D 支出与就业可变参数模型，并通过实证分析方法认为政府 R&D 支出的就业乘数比较显著。④ 瞿群臻利用中国 1978 年至 2003 年的宏观数据进行分析，证明了技术进步对就业有重要的促进作用，因为技术进步推动了经济的快速增长，而经济的高速增长又增加了劳动者收入和就业岗位。⑤

第三，关于双面效应的分析。与国外学者一样，一些国内学者认为，技术进步存在“双刃剑”，既可以减少就业，又可以增加就业。关锦镗和曹志平等人认为，要因地制宜地分析技术进步对就业的效应。⑥ 崔友平认为，技术进步一方面对劳动产生了排斥作用，出现了“机器排挤工人”的现象，同时，技术进步也会促进消费需求的增长，拓宽就业领域，并增加就业量。⑦ 林毓铭从宏观角度考虑了技术进步对就业的直接效应和间接效应。他认为，技术进步虽然为就业增长产生了一定的拉动效应，但也增加了就业扩大的难度。⑧

第四，关于技能偏向性的分析。姚先国、周礼、来君以 2000 年至 2004 年的

---

① 杜传忠，许冰．技术进步与产业结构升级的就业效应——2000—2014 年省级面板数据分析 [J]，科技进步与对策，2017，34（13）：55-60.

② 王诚．中国就业发展新论——核心就业与非核心就业理论分析 [J]. 经济研究，2002（12）：79-87；92.

③ 葛新权，金春华．科技进步对就业增长贡献的测定方法 [J]. 北京机械工业学院学报，2004（2）：45-48.

④ 童光荣，高杰·政府 R&D 支出的就业乘数效应研究 [J]. 中国软科学，2004（8）：109-113.

⑤ 瞿群臻．论科技进步、经济增长与就业 [J]. 运筹与管理，2005（5）：129-136.

⑥ 关锦镗，曹志平，韩斌．科技革命与就业 [J]. 北京：北京大学出版社，1994.

⑦ 崔友平．利用技术进步增加就业 [J]. 当代经济研究，2001（10）：29-33；72.

⑧ 林毓铭．科技进步对就业增长的正负效应分析．科技管理研究，2003（1）：76-78.

制造企业的微观数据为样本，构建了生产函数与成本函数的计量模型，经过实证分析发现，中国制造业中存在比较明显的技术偏向性特点。技术进步增加了对高等技能劳动者的需求，提高了其收入和就业比重。①曹安定在姚先国等人的模型上进行了修改，研究了中国的汽车行业，发现技术进步表现为直接效应和间接效应。其直接效应表现为对高技能工人需求的增加和对低技能工人需求的减少。间接效应也可以看作为产出效应，即技术进步增加了产出，同时带动了低技能和高技能工人的就业。但从整体上看，对高技能工人需求的增加要更大一些。②李扬州以我国制造业为研究对象，发现制造业中存在比较明显的技能偏好性就业效应。随着技术的进步，对高等技能劳动者的需求越来越多。③徐舒通过一个基于技能偏向性技术进步的一般均衡模型，得出技能偏向性技术进步对收入不平等的作用。④

第五，关于就业效应的期限分析。肖延方认为，技术进步对就业具有双重作用，但这体现在期限上。从短期看，技术进步通过降低资本对劳动力的需求来导致就业减少。但从长期看，技术进步通过提高劳动生产率来扩大就业。⑤甘梅霞和刘渝琳采用实证分析方法，认为技术进步对就业在长期中不存在稳定的替代关系，他们认为，通过工资对劳动力价格的调控，能够有效促进技术进步的长远利益，并避免短期就业的剧烈波动，从而在推进技术进步的条件下发挥中国的劳动要素禀赋优势。⑥

二、技术进步对就业结构的影响效应

龚玉泉、袁志刚认为，从长期影响看，技术进步能增加社会产出、提高社

① 姚先国，周礼，来君．技术进步、技能需求与就业结构——基于制造业微观数据的技能偏态假说检验[J]. 中国人口科学，2005（5）：47–53.

② 曹安定．技术创新对就业影响的经济分析．生产力研究，2009（22）：27–29.

③ 李扬州．技术进步与收入分配——基于我国制造业的技能偏向性效应检验[J]. 消费导刊，2009（19）：129.

④ 徐舒．技术进步、教育收益与收入不平等[J]. 经济研究，2010，45（9）：79–92；108.

⑤ 肖廷方．论资本有机构成的提高对再就业的双重作用——兼论技术进步和再就业的关系[J]. 经济评论，2001（5）18–21.

⑥ 甘梅霞，刘渝琳．我国推进技术进步与发挥劳动要素禀赋优势两难冲突的解决路径分析[J]. 财贸研究，2006（4）：42–48.

会的人均收入水平和引起消费结构的变化以及产业结构的演进，尤其是具有劳动密集特征的第三产业的发展，技术进步在增长就业的同时也带来了就业结构的变化；但如果用技术进步因素来解释我国改革开放以来的就业增长率下降和失业率上升，则不一定成立。[①] 毕先萍、赵坚毅从总体层面实证考察了技术进步与我国就业总量及结构的长期、动态关系。从长期的角度来看，技术进步对就业总量的没有明确的影响，却显著影响着劳动力人口在不同产业部口的就业比例。[②] 赵利、曹惠分别从就业的产业结构及技能结构两方面，实证分析了技术进步的就业效应，研究结果显示，技术进步在提高整体劳动生产率的条件下，显著地增加了第一产业、第三产业的就业人数；而在就业领域，第二产业受技术进步的影响不明显。同时，高技能劳动者的人数与技术进步之间存在着相互促进的关系，技术进步在改变就业的产业结构的同时，也在深刻地影响着劳动力市场的技能结构。[③]

三、我国信息技术进步的就业效应研究

我国信息技术进步与工业技术进步等交织在一起，很难进行区分。国内很少有学者专门对信息技术进步的就业效应进行系统的研究，相关的成果散布在对我国信息化、新技术等研究的相关文献中。关于信息技术进步的就业总量效应，国内大部分学者主要采用的是定性研究方法，主要研究信息技术影响就业的特点，以及对就业的促进或者损失效应。周宏仁认为，信息技术进步能够吸收消化工业化进程中剩余的劳动力，从整体看是促进就业的。[④] 杨晶等人认为，信息技术进步对传统就业岗位和管理方式的改变、对生产和分配流程的简化等会带来大规模失业，而其促进经济效益提高的好处是使少数人受益。[⑤]

当前我国经济发展方式正在加快转变，新的增长模式将不再依赖于传统的要

① 龚玉泉，袁志刚．中国经济增长与就业增长的非一致性及其形成机理[J]. 经济学动态，2002（10）：35—39.

② 毕先萍，赵坚毅．技术进步对我国就业总量及结构的影响[J]. 统计与决策，2007（10）：71—72.

③ 赵利，曹惠．技术进步影响就业结构的机理与例证[J]. 北京工商大学学报（社会科学版），2008（4）：90—95.

④ 周宏仁，如何以信息化推进就业[J]. 中国信息界，2007（1）：46—49.

⑤ 杨晶，任玲．信息时代的就业：挑战与对策[J]. 吉林师范大学学报（人文社会科学版），2005（5）：109—111.

素投入，而更多依靠于生产效率的提升。新经济是伴随着新一轮科技革命和产业革命产生的经济形态，在新的发展阶段中发挥至关重要的作用。新经济创造出新动能，同时也带动传统动能的改造升级。新经济的覆盖面和内涵非常广泛，涉及第三产业中的“互联网 +”、物联网、云计算、电子商务等新产业和业态，工业制造中的智能制造、大规模定制化生产，以及现代农业关联产业发展等。新经济正在显著改变中国经济的总体构成。

“互联网 +”就业的特征有三个方面：一是单一就业不足，需要纵向和横向发展，即平台就业；二是劳动者的就业转向碎片化、交易转向碎片化，如流动平台一般都是按小时或者按单来计算的；三是劳动力的供需对接比较容易。

第二章 “互联网 +”的就业形态

信息与通信技术的数字聚合降低了通信的两大长期性障碍——延迟和距离。通过互联网更快速、更海量、更便宜、更多样化地传输大量信息的传输模式，我们正在创造一个人们可以获得比以往任何时候都多得多的信息量的世界。信息通信技术使获取信息变得更加“对称”，更多的人可以随时随地地获得所需要的信息，但这也在破坏现有的经济关系。这种效应将带来就业结构、各种组织的结构以及经济行为现行模式的深刻变化。本章为“互联网 +”的就业形态，主要论述了信息技术对就业方式的改变、信息技术对企业组织的影响、信息技术对劳动力市场的变革、技术人才供需与市场匹配几个方面的内容。

第一节 信息技术对就业方式的改变

在信息时代，那些具有普适性、可移植性的知识已经不再局限于某一特定工作或企业。发展前景好的职业是那些需要接受高水平教育（涵盖广泛的知识领域），并提供机会以积累更多知识的职位。那些能够营造出最佳的教学、学习和信息交流环境的企业，无疑是最具优势的。这些都要求企业具有较高的灵活性。企业可以利用知识和信息所带来的工作弹性，实现生产线和市场战略的改进，而无须更换劳动力队伍；员工可以在最短的时间内完成从一个岗位到另一个岗位的转换。在其整个职业生涯中，劳动者享有多次工作更替、地域迁移以及必要时掌握全新职业技能的权利。网络化并非会导致对知识或技术的要求提高。低技术或无技术的工作在网络经济中仍然流行。这种新型的、多层次的、灵活的就业潜力，在信息经济时代来临时会彻底引爆开来，通过利用互联网平台，灵活就业的双方得以轻松对接，从而极大地降低了信息流动的不确定性，为灵活就业的蓬勃发展奠定了坚实的基础。

一、新型就业的特征

互联网早期时代，企业可以利用互联网来细化工作，并允许某些员工突破空间障碍，在可能的任何地方完成工作。以互联网平台就业为代表的新型就业形态是信息经济背景下，在以互联网为平台，以云计算、大数据、物联网、智能终端等为基础的新兴业态下，涌现出一种全新的就业模式，其具备更高的灵活性、更强的自主性、更独立的劳务和更具经营性的收获等特征。

（一）就业更具灵活性

首先要考虑的是，在选择劳务提供者和互联网新业态平台时，需要具备高度的灵活性和适应性。互联网新业态平台对劳务提供者并没有特殊的要求，但必须具备一定的资质和能力才能从事劳务活动。在互联网新业态平台上，劳务提供者可以自主选择提供服务，无须经过烦琐的培训和考核程序。互联网新业态平台通常为劳务提供者提供在线招聘和求职信息，并对其进行相应评价和审核。大多数新兴的互联网业态平台并未限制劳务提供者在多个平台上提供服务，也未对其与其他企业建立的劳动关系进行审查，而是仅审查其是否符合与服务相关的基本条件，如年龄、技能等。此外，劳务提供者还可根据自身需要进行选择性注册，以适应不同行业和领域需求，如金融保险业、教育医疗服务业等。其次，退出机制呈现出更为灵活的特征。劳务提供者通常会向互联网新业态平台提出“退出”申请并要求获得批准后才可进入互联网新业态平台从事经营活动。互联网新业态平台企业的组织依附性相对较弱，劳务提供者的流动性更加灵活，离开该平台无须事先告知或征得同意，通常只需避免登录或卸载 App 即可。因此，对于互联网新业态平台而言，劳务提供者的退出机制相对灵活，能够有效保障劳动者权益，维护社会稳定。最后，缔约各方应当享有平等的权利和自主决策的自由。互联网新业态平台经济下，劳务提供者的地位发生了改变，由原来的“雇佣者”变为“合作者”，劳动者也成了合同主体。在一些新兴的互联网平台企业中，劳务提供者可以自主选择建立劳动关系或民事关系，而在签订合同时，双方更加注重并尊重对方的意愿。

（二）工作更具自主性

在新兴的互联网业态平台上，服务提供者享有相当程度的自主权，以确保其在服务过程中能够自主决策并提供优质服务。这些权利包括以下几个方面。首先，其工作时间具有高度的自我决策能力。互联网新业态平台通过发布工作计划和安排，为用户定制个性化需求的产品或服务。许多劳务提供者利用碎片化时间提供服务，享有自主选择何时登录 App 程序、自主决定在线时间长短、与服务需求者商定具体服务时间的自主权，而非受互联网新业态平台的限制。劳务提供者可以根据实际情况和需要进行灵活设置。其次，需要自主决策是否承接工作使命。劳务提供者在完成某项业务后就可获得报酬，不必担心自己的收入会受到影响。劳务提供者享有自主权，可以自主决定是否承接特定订单或提供特定服务，同时也可以自主决定接单数量和提供的服务数量。最后，工作场所不确定。互联网新业态平台组织通常采用“团队”和“小组”两种方式进行运作，这使得劳务提供者在工作场所上具有更大灵活性。在互联网新业态平台企业固定场所办公的情况下，劳务提供者通常享有更大的自主权，可以自主选择工作区域，并与劳务需求者进行协商和调整。

（三）劳务更具独立性

在涉及民事关系的情形下，劳务提供者在其服务过程中表现出相当程度的自主性。这种独立性使得互联网新业态平台可以利用其优势为劳务提供方创造价值。首先，劳务提供者无须受制于互联网新业态平台的指挥控制，即可独立完成具体订单或服务的安排。互联网新业态平台以提供信息发布、在线交易等方式与劳务提供者建立合作关系，为其提供服务。换句话说，互联网新兴业态平台注重的是服务成果，而非劳务提供者的服务过程，通过对服务成果的信用评估来进行管理。其次，劳务提供者本人会独立承担责任。互联网新业态平台在为顾客提供服务时，一般都会有专门针对服务对象的人员来协助其开展工作。为了确保互联网新业态平台的服务质量，通常要求接受任务的劳务提供者亲自完成服务，不得委托他人代替。

（四）收获更具经营性

在新兴的互联网业态平台上，劳务提供者通常需要自行承担运营风险。首先，以所提供的服务成果为基准来衡量报酬。服务产品包括有形商品和无形物品，其中无形物品包括劳务。服务成果是决定劳务提供者报酬的关键因素，只有在成功完成具体订单或服务后，方可获得相应的报酬。如果劳务提供者未能及时提供产品和服务，就不能取得报酬。订单完成数量决定了报酬的多寡，若无订单接收则无法获得任何报酬。因此，劳务提供者可以通过与客户签订劳动合同来确定自己的报酬标准。其次，生产工具应由劳务提供者自带，以确保生产过程的顺畅。由于互联网新业态平台提供的商品与传统商业模式下所提供的产品不同，因此其生产经营模式和支付方式也会有所不同，这就要求劳务提供者要具有一定的专业技能及管理能力。通常情况下，互联网新业态平台并不提供免费的生产工具，如交通设备等，而是需要由劳务提供者自行购买或租赁。最后，风险应由劳务提供者自行承担。若劳务提供者在提供服务时遭遇突发情况，导致服务未能成功完成，或劳务需求者对服务结果不满意，则可能需要从劳务提供者的报酬中扣除相应的款项。

二、新型灵活就业与传统灵活就业的差异

灵活就业不是一个新名词。根据传统的认识，次级劳动力市场是灵活就业的主要场所，对于从业者的技能要求相对较低，因此灵活就业人员的就业质量并不理想，这也导致劳动者的合法权益难以得到充分的保障。传统灵活就业中存在着大量的非规范性和不公平现象。因此，传统的灵活就业往往成为劳动权益受到侵害、引发劳动争议的问题所在。近年来，随着信息技术和网络技术的飞速发展，为解决这一问题提供了一种全新思路。随着信息经济时代的到来，劳动力市场呈现出自主就业、平台就业、多元化职业等多种新形态，这些不同于传统形态的表现为灵活就业注入了新的活力。与传统灵活就业相比，信息经济时代的灵活就业在就业的性质和内涵方面发生了变化，就业质量发生了变化，就业的数量发生了变化。

第一，随着时代的变迁，灵活就业的本质和内核已经发生了深刻的转变。传统的灵活就业方式为了弥补稳定就业的不足，在许多生产环节和行业中，季节性、周期性和临时性的特征非常明显，这些特点导致稳定就业的效率低下，因此需要寻找灵活的就业岗位。为了规范这类用工需求，法律制定了非标准工时制、综合计算工作时间制和劳务派遣等制度。比如，企业可以根据自己的经营管理能力、劳动力市场状况、劳动力资源禀赋情况、员工个人特点等因素进行合理搭配，从而达到灵活就业者与用人单位双赢的目的。当然，在实际情况中，为了避免受到

劳动法律的限制，降低用工成本，许多用工单位会采用灵活就业的方式，将一些原本应该属于稳定就业的职位呈现出来。传统的灵活就业方式所具备的基本属性是多种多样的。这两种职业形态之间既相互联系又有区别。不同于其他就业和用工形式的补充，新型灵活就业源于知识经济自身的特征，即人力资本作为知识经济的原动力，使得个体劳动者处于经济生态的中心，而以自身人力资本为依托而选择的灵活就业形态则成为主流的就业形态，是非传统经济条件下的补充性形态。传统灵活就业的合法性源于对正规就业的补充和支持，而新型灵活就业的正当性则源于岗位和经济生产的内在特征，这是双方本质上的差异。

第二，灵活就业的就业质量已经发生了转变。性质上的差别决定了就业质量方面的差别。由于传统灵活就业的补充性，在灵活就业领域，劳动者常常处于劳动力市场的劣势地位，这种劣势不仅仅是指与资方相对应的劣势地位，更是指相对于稳定就业的劳动者所处的劣势地位，因此灵活就业人员的劳动力交易通常发生在次级劳动力市场。灵活就业人员作为一个特殊群体，其劳动权应当受到应有保护。因此，针对灵活就业人员的劳动标准、劳动条件、权益保障等方面，劳动法律将制定专门的规定，以保障其合法权益。尽管如此，由于灵活就业岗位所具备的高度灵活性和流动性，使得处于次级劳动力市场的劳动者在维护自身权益方面面临着巨大的挑战，因此他们的劳动权益往往难以得到充分的保护。对于传统固定工作而言，企业通过雇佣来满足劳动者基本的生活需求，而灵活就业者则需要根据自己的实际情况进行合理规划，因此双方在劳动关系中就容易产生矛盾冲突。对于新型灵活就业而言，劳动者在劳动力市场上拥有更大的主导权，尽管他们以个体形式出现，但他们所拥有的人力资本赋予了他们更强的谈判能力，特别是在互联网平台上，他们的选择变得更加多样化，从而可以选择更加优越的就业机会。无论是从维护社会稳定还是促进经济发展来看，新型的灵活就业者的重要性均不容小觑。

第三，随着时间的推移，灵活就业的数量出现了变化。随着信息技术的发展及互联网应用范围的扩大，人们可以随时随地进行在线求职，甚至“足不出户”就能找到自己满意的工作。互联网平台的迅猛发展在数量上掀起了一股灵活就业的浪潮。在这个过程中，传统的固定工作模式被打破，大量的劳动力从传统工作岗位转移到了新兴行业或者岗位上。一方面，随着互联网的发展，涌现出了众多新兴行业和职业，这些职业通常以灵活就业的形式呈现，如云客服。同时，传统服务业也开始出现大量灵活就业者。另一方面，由于技术、信息、制度等外在条件的限制，如司机、厨师等被迫采取稳定的就业形式的行业，开始向更加灵活的就业方向转变；这些新兴的灵活就业者的出现使得传统劳动关系中"单位－劳动者"之间的结构发生了变化。在新兴技术的推动下，新型灵活就业正蓬勃发展，这为劳动者、组织管理者和政策制定者带来了前所未有的挑战。

三、学习方式的改变

信息经济发展中日趋激烈的竞争和快速的变化，意味着员工必须能够快速适应不断变化的技术和组织结构。这不仅需要人际关系、管理和问题解决能力等"软"技能，而且需要技术性的技能。

目前，众多知名企业纷纷设立了"企业大学"，以促进企业的发展。这些企业在创办之初都有一个共同特点，就是将学校教育与实践活动结合起来，形成一种新型的职业技术院校模式——"企业大学"。在我国目前经济结构转型时期，一些大型企业纷纷创办企业大学。对于中小型企业而言，由于财务上的限制，设立企业大学以促进企业发展的想法显得过于理想化。随着信息技术的蓬勃发展，网络以其无限的容量、广泛的覆盖范围、个性化的定制和互动性的特点，为学习理念的创新和实践提供了肥沃的土壤。因此，利用现代技术建立起与企业相适应的数字化学习体系将成为未来趋势。在此背景下，数字化学习的兴起催生了一场学习的变革，彻底改变了学习的面貌。数字化学习是一个全新概念，它突破传统教育模式，将学校与社会融为一体，使学生获得一种新的生活方式。数字化学习为个人和企业提供了无限的拓展空间，其增长潜力不可限量。

企业数字化学习为企业提供了一种全新的培训和学习方式，通过充分利用网络丰富的资源和便捷的沟通机制，打造了一个高效的学习环境。它强调以"人"为本，以提高员工素质为目的，注重培养企业持续竞争优势。在当今信息技术的背景下，企业学习的本质已经超越了单纯的远程培训或电子培训模式，而是涵盖了员工之间的交流沟通、知识库的建立、管理和共享等多个方面。企业的数字学习不仅改变了传统的培训理念和方法，而且也带来了许多积极效应。通过运用信息技术开展内部学习活动，企业能够推动知识的应用、创造、共享和创新，从而获得新的核心竞争力，这是企业维持生存和追求进一步发展的重要手段。许多大型企业已将企业内部的学习视为一个整体进行规划与设计。随着时代的变迁，企业对于数字化学习的重视程度日益提升。中小型企业可以依据其独特的属性和特点，以独具匠心的方式创办自己的“企业高等教育机构”。

在信息时代的教育中，劳动者需要具备解决问题的能力，同时需要具备协助组织更多学习活动的能力。因此，在当今社会中，学校所提供的知识必须是一种能使人学会解决问题、提高工作效率以及为未来准备合格劳动力的新技术。学校的课程和工作训练项目需要进行彻底的改革，以适应当今快速变化的社会需求和发展趋势。第一，随着时代的发展，围绕特定工作所需的特定技能而组织的标准化职业教育已经过时，除非这种教育能够为那些未接受学术训练的学生提供解决问题和组织教学的能力。为此，学校必须根据新时代的发展重新设计课程体系。第二，学校应当逐步转向一种在合作氛围下进行，学生在小组内进行学习、参与小组工作，并持续进行小组评估的学习模式。教师要与学生建立良好的关系，从而提高团队协作能力。第三，为了促进学生对人类行为和小组活动过程的深入理解，课程设计应当注重培养学生的团队协作能力、情感素养。只有这样才能使课堂变成一个真正的学习场所，让学生在这种情境下进行自主探索和自我发展。在当今以学习为核心的信息时代环境中，学习过程和学习动机应当被视为构成课程本身不可或缺的组成部分。教师应当把更多的精力放在促进个体发展上，而不是仅仅满足于让学生掌握知识或技能。第四，青年时期的通识教育应当被视为学习过程的起点，而非终点。青年人要学会如何处理工作与生活之间的关系以及如何利用工作来维持自己的生活。在过去，年青一代在接受教育并获得一份工作后，通常会将其一生中的大部分时间用于从事此项职业。现在，年轻人的主要任务在于通过职业选择使自己适应社会需要。组织劳动者是为了保护工人工作的持久性，并围绕这一点而建立政府福利计划。在现代社会中，劳动者的身份已经发生了变化，他们不仅需要有技能的员工，而且还需具备适应新环境所必需的知识与经验。在当今信息时代，劳动者的定义已经不再基于其工作，而是基于其学习能力以及将学习应用于传统工作场所内外的一系列情境的能力。他们需要通过参与新技术应用所产生的各种活动来实现自身价值。这些情境涵盖了新兴的平等型家庭和虚拟社区，为人们提供了更加多元化的生活体验。

第二节　信息技术对企业组织的影响

信息技术的最大特点是发展速度快。这导致了新产品研发的速度明显加快和产品生命周期的缩短，同时也正在改变着消费者的消费习惯，改变着企业的战略，改变着竞争优势的基础，也改变着工作的组织方式。所有这一切都影响着企业的组织方式。

一、对企业组织战略的影响

尽管技术并未减少一个国家的工作，但新技术所推动的企业和组织的重构却从根本上改变了工作方式，将生产过程中的劳动分解为多个部分。这种转变是对工业化进程中出现的一些问题的一种回应。在工业时代，工作工资化和生产社会化的趋势正在经历一次历史性的逆转，这是时代的显著特征之一。这一变化是通过技术进步和产业变革来完成的，它对企业组织形式产生了重大影响。在追求新方向的过程中，新的社会和经济组织致力于实现权力下放、工作个性化和市场关注度的提升，从而导致了劳动分工和社会分化的出现。同时，新兴的信息技术已经使得工作任务变得更加分散，从而促进了不同地区和不同层次工作之间的互动交流和协调。

运用信息技术，企业组织可以重新审视其产品类型、市场定位、客户群体及地理位置等因素，从而培养出一种独特的、在市场竞争中脱颖而出并与竞争对手区分开来的优势。同时，还能对企业资源进行整合以实现更高效的管理。对自身的经营模式进行重新审视，包括对整个供应链进行优化，以及进行经营方式的转型等。另外，通过信息技术与企业业务流程和管理模式之间的整合，可以有效地提高企业的运营效率。

自我国提出“互联网 +”行动计划之后，我国正式将互联网应用提升至国家战略的高度。“互联网 +”与传统产业深度融合，推动了产业结构转型升级。在行业领域，一些以互联网为基础的商业模式已经取代了传统商业模式，这迫使传统商业模式进行了变革和创新。例如，互联网金融已经实现了零手续费的转账，特别是 2016 年移动互联网的微信钱包，不仅提供了红包发放功能，还支持了付款和转账支付功能。随着移动互联网的不断发展，一些先行者已经推出了自己的客户端，以提供在线订单、在线支付、在线客服等一系列便捷的服务，让用户足不出户即可享受到所需的服务。物流作为一个新兴行业正在蓬勃发展，互联网企业的加入让物流行业发生了革命性变化。互联网的成功离不开现代物流的蓬勃发展，如今，遍布各地的快递公司成了物流配送的重要支柱。快递业的兴起改变了人们对物品运输方式的看法。顾客可根据个人需求挑选不同的物流公司和配送方式，以满足其个性化需求。在电子商务迅速普及的今天，人们对物流服务水平提出了更高的要求。当前的快递服务已经实现了实时查询货物运输状态和了解具体时点的工作细节的能力，这是以往所无法企及的。

因此，我们必须以长远的眼光审视问题，制订出切实可行的战略方案。“互联网 +”突出解决了两大问题，一是服务水平得到了显著的提升，从而使得差异化水平得到了明显的提高；二是借助信息化技术，成功实现了低成本战略，通过简化流程、提升运营效率等手段，有效降低了成本。互联网企业领袖呼吁进行互联网思维，接纳互联网商业模式。然而，从当前的发展趋势来看，互联网和移动互联已成为传统产业的颠覆性力量，使得企业和用户之间的距离前所未有地缩短。尽管一些企业和行业已经开始接纳和采用互联网，但与互联网的发展速度相比仍存在滞后性。

互联网和移动互联的商业模式涵盖了广告、游戏、移动电商、人口和硬件平台加内容服务商等多种模式。在移动互联时代，这些新模式正在发生深刻变化。更多企业从以厂商为中心的大规模生产、促销和低成本竞争的 B2C 模式，向以消费者为中心的个性化营销、柔性化生产和精准化服务的 C2B 模式转型。这种新的模式改变了人们对传统消费方式的认识和理解。将移动互联与传统行业融合，构建多元化的商业模式，不仅是一种机遇和趋势，更是将移动互联思维和信息渗透传统制造业和服务业中的重要契机。企业必须根据自身发展阶段来确定合适的战略方向，才能适应市场变化，获得持续成长。在面对经济新常态和激烈的市场竞争时，企业需要运用战略思维和互联网思维采用复合思维进行决策，合理选择商业模式，并运用各种工具以保持战略和竞争上的优势。实践证明，总体战略和职能战略在竞争战略中仍然具有有效性，因此在应用时需要进行深入的战略分析，以选择最适合企业的战略。

然而，随着信息经济的高速演进，其所带来的破坏性和分化性也愈发显著。这种新情况引发了企业间激烈而持久的竞争，对现有的组织架构造成了破坏。为了更好地满足顾客或集体客户的需求，必须对组织结构进行优化，以提高决策和调整的速度，从而对市场产生积极的影响。这些会迫使企业在不适当的时候改变其组织结构。对于某些组织架构而言，缓慢的调整可能导致其逐渐失去适应性。这就是为什么企业必须快速改变自身的组织结构和行为方式，而不是像过去那样去适应变化了的环境。高速演进的同时，分化性也随之发生变化。在获取信息通信技术的最大利益方面，少数最富有、受教育程度最高的人处于最有利的地位，这使得他们成为世界上最具潜力的群体之一。因为不同国家的调整速度存在差异，所以很有可能会导致世界上绝大部分的人处于落后地位。数字鸿沟不仅是一种普遍存在的现象，更是一种不断扩大的趋势。

二、对企业组织结构的影响

信息技术的广泛应用，为组织管理提供了全新的信息基础，使得信息获取变得更加便捷、高效，同时也有效地降低了成本。同时，也使组织在处理复杂业务时，能迅速地做出决策并及时有效地做出反应。信息的传递方向已经从纵向的管理层次转变为横向的交流，这种转变是由上至下的信息传递方式所引起的；组织可以从信息共享和高容量存储中获取到丰富的信息资源，这些资源可以为组织的运营和发展提供有力支持。在此基础上，信息技术将成为企业组织创新与发展的主要手段之一。这些因素将深刻地塑造企业的组织架构。在这种情况下，传统的组织结构形式被打破，取而代之的是扁平化的网络型组织结构。随着时间的推移，人员的组织架构和布置方式也随之发生了变化。随着网络技术在各行各业的广泛应用，人们获取信息的途径越来越广。管理者的信息掌握和运用能力已成为衡量其管理水平的基本指标，高层管理者已不再是简单地发号施令，而是专注于那些需要大量信息支持的战略规划和综合协调工作。他们在企业中所承担的任务将会变得更加复杂多样，同时对其自身素质要求也越来越高。随着时间的推移，中层管理职能将发生巨大的分化，一些职能将被提升至组织的高层结构中，而更多的职能则被下放至执行层面。这就要求中层管理人员具有较高的决策力、执行力及应变能力。为了胜任未来企业中的角色，中层管理人员需要快速调整自身的知识结构和能力结构，以适应不断变化的市场环境，并展现出前所未有的灵活性。

信息技术在多个层面上拓展了人类信息器官的功能，这些器官可以广泛应用于企业组织和管理中，形成了各种信息技术应用工具、方法和系统。信息技术是企业信息化建设中必不可少的一部分，也是提高企业竞争力的重要手段之一，因此对它进行深入全面的研究具有十分重大的意义。当前，该技术主要应用于三个主要领域，一是实现企业生产过程的自动化和智能化；二是企业内部的经营业务管理和决策过程需要实现科学化和网络化，以达到更高水平的综合性；三是在企业商务活动中实现无纸化和电子化。在这三方面的应用中，以信息化为核心的企业管理现代化是最有潜力和发展空间的一个领域。信息技术在多个领域的应用中，为企业变革提供了广泛而深入的支持。其中，信息技术在企业组织变革中所起的作用是最为突出的。

从系统观的角度出发，企业架构将企业管理模式、业务流程、信息资源、信息系统、信息化技术等有机地融合在一起，系统地思考与企业信息化相关的业务活动、数据环境、应用系统、技术设备以及它们之间的相互作用，并将其与企业经营、战略目标相结合，引领企业信息化方向，是文化自觉的思维建构和工具实践，在信息化生态转型进程中发挥着重要作用。在此基础上提出了基于生态系统理论的企业信息化发展模型及其构建思路。其主要内容涵盖了三个相互贯通的层面，一是企业信息化逻辑和物理进程中的自我建构、自我融合和自主更新，这些层面共同构成了一个完整的知识体系；二是企业信息化理念和架构之间的协同、互补和合作，构成了一种相互促进的关系；三是企业架构的创造性融合。随着时间的推移，在企业信息化的演进历程中，企业信息化理念被不断调整和更新，从以技术为导向向以管理、效益、需求和战略为导向的方向转变。

企业架构是对系统的高层视角，是对系统的抽象，是系统的一张蓝图。它关注的是系统的可用性、稳定性及灵活性等非功能属性。企业架构设计是信息化建设的顶层设计，企业架构可以分为两大部分：业务架构和 IT 架构。IT 架构又包括了数据架构、应用架构和技术架构，早期的企业架构比较偏重 IT 架构。云是一种高度可扩展的计算方式，通过互联网向用户提供资源的“按需服务”形式，无须用户了解或控制支持这些服务的技术基础架构。云服务提供了基础设施即服务（laaS）、平台即服务（PaaS）和软件即服务（SaaS）。

随着云时代的到来，企业架构设计模式也发生了很大变化。在当今时代，企业信息化应用的建设以服务为中心，采用基于标准和开放的互联网技术。企业信息化系统需要一个统一的平台来支持各种不同层次和类型的业务需求。面向服务的架构（service oriented architecture，SOA）是一种以服务为基础的架构，其中服务是SOA架构的核心元素，它明确定义了与实现无关的标准化接口，实现了业务功能，并提供了可在不同业务过程中重复使用的服务，而且具体的服务实现不受特定实现语言和工具的限制。目前，在电信行业，电信运营企业正面临着由传统的电话通信向综合数据网络转型的问题。它以服务为中心，展开了各种技术的研发。

随着云时代的到来，企业架构并不能被云服务所代替，而是通过企业架构设计实现云战略的价值。企业架构也需要适应云服务的需求，并把云服务作为企业架构的一部分，同时企业架构管控中也应该为云服务提供一个有效的管控机制。高端的信息技术是推动企业组织变革的强大引擎，其应用和发展不仅限于信息工作，而是对企业组织的各个方面产生深远的影响，从而实现组织的彻底转型，为企业带来质的飞跃。

三、对企业组织文化的影响

在特定的社会经济文化背景下，企业的软实力是由广泛认可的企业文化所塑造而成的，这种文化在企业内外产生了深远的影响。企业文化是一个复杂系统，具有层次性，即由表层到深层次包括价值观、经营理念等多个层面。企业文化认同感所带来的亲和力、感召力、吸引力、凝聚力、学习力、创新力和竞争力，构成了企业持续发展的深层次动力，是企业软实力的核心组成部分，也是企业核心竞争力的重要组成部分。企业文化软影响力的提升需要有相应的物质载体作为支撑，这就是企业文化资源。随着互联网时代的到来，企业所获得的资源源源不断地为其发展提供能量，同时信息化和网络化的迅猛发展也对当前企业的文化建设带来了巨大的冲击和变革。

随着互联网时代的到来，企业所处的内外部环境正在发生翻天覆地的变化，互联网思维已经深入渗透企业内部的各个角落，同时企业文化也呈现出一些全新的特征。通过信息技术的应用，企业逐渐认识到信息在经营管理中的重要性，从而逐渐形成了一种有助于加强信息管理和推进企业信息化的企业文化。企业要想在激烈的市场竞争中取得优势并获得持续发展就必须重视信息文化建设，以提高企业管理水平，增强企业竞争力。信息文化是一种具有开放性的文化，它要求企业在内部建立一种开放的管理环境，以促进横向和纵向的信息交流，同时也要求企业能够与外部的供应商、销售商和顾客愉快地共享信息，并善于吸收外部先进的技术、观念和知识，以处理好自身与环境之间的关系。

（一）自我个性的表达

随着“80 后”成为企业骨干，“90 后”“00 后”已成为职场的生力军，现今职场主流已是独生子女的一代，他们被冠以“自我意识觉醒”和“互联网思维”的头衔，更加注重实现个人价值和表达个性。在这种情况下，企业文化建设和思想政治工作也应该适应这一变化。在互联网环境下成长起来的一代，对于自身与企业的价值观、思维模式及行为模式的要求，呈现出更为复杂和多元化的趋势。他们不再满足于传统的工作方式，开始寻求新的发展空间，渴望获得精神上的归属感，从而使自身更加富有活力。在这个情感盛行的时代，如何留住员工，成为企业必须面对的课题。当金钱需求不再占据主导地位时，真正留住员工的关键在于提供更多的软性激励和成长机会，这是不可或缺的。

在互联网思维的背景下，企业文化的本质是一种独特的文化现象和管理思想，其核心在于以人为中心，以文化引导为根本手段，旨在激发员工的自我意识和行为。在这个过程中，人与人之间的关系将发生深刻变化，人成为决定组织成败的关键因素之一。在互联网时代，企业经营者面临着一个巨大的挑战，即如何挖掘、凝聚和利用人才，以应对未来的发展和挑战。当今时代，劳动力正在寻求一种全新的职业模式，传统雇主必须深刻认识到这一点，因此必须建立一种现代化的文化，以吸引当今优秀人才。这种文化要求人们要有创新精神、开放意识及团队合作精神，并在此基础上形成一套有效的激励制度，以更具吸引力的方式。例如，向员工提供丰厚的福利待遇，同时赋予他们自由表达个人想法的权利，还鼓励员工在公司中表现出与众不同的个人能力，并给与员工更多的自由空间。

总而言之，在互联网时代，员工的个性化需求变得越来越具体和详细，员工的成长和发展需要高度个性化的“私人定制”，而不是统一的冷冰冰的制度规范。

因此，更多个性化的激励措施、更多定制化的发展通道，将成为留住员工的关键要素。

（二）以用户为中心

随着互联网时代的到来，我们所处的环境和所遵循的规则也在不断变化。只有让消费者成为企业的核心，才有可能创造出更多有价值的产品与服务来满足客户需求，实现“双赢”目标。在当今互联网时代的商业模式和消费模式下，卖家和买家的二元模式和二元关系已经无法适应现实需要，迫切需要进行全面的转型和升级。在当今互联网时代，企业内部应该树立以用户为中心的企业文化，以此为核心，为用户提供优质的服务，从而获得巨大的收益。

新兴的社交媒体平台在互联网时代崛起，为众多知名互联网企业带来了巨大的用户回报。这些公司的成功之处在于它们通过对互联网用户进行细分和精准定位，从而获取并保持庞大的用户群。然而，只有为用户提供了一系列具有实际价值的服务，才能赢得广泛的用户群体。互联网时代下，互联网公司如何为用户创造价值呢？以中国腾讯所推出的微信产品为例，微信通过提供免费的产品和简单便捷的操作，迅速吸引了数以亿计的用户群体。微信作为一个庞大的用户群体，具备广阔的应用前景和无限的发展空间。随着微信用户群体不断扩大，微信公众平台开始被各大企业所青睐，已经成为众多行业进行资源整合、拓展市场的利器。以微信当前蓬勃发展的微店项目为例，采用嫁接的 O2O 模式，已获得了令所有企业望尘莫及的市场占有率。

（三）注重“微创新”

微博所具备的开放式广场交流属性，使其成为最具传播潜力的平台。在这个信息爆炸的时代，微博作为一种新媒体形式，以其特有的开放性和交互性受到人们的欢迎。微博可以看作是在博客基础上的“微创新”，其颠覆了新闻与资讯的生成方式，使每一个人都能拥有发声“麦克风”，越来越多的人参与微博游戏，这对于传统媒体来说，都是颠覆性变化，这一变化却带来了截然不同的产品和经济效益。

在开发互联网产品的过程中，我们必须遵循“小步快走”的原则，即在每个阶段都要快速推进。只有当产品具备核心功能时，才能在用户的反馈中获得更贴近用户需求的效果，从而接近最佳状态。这是因为产品本身就是由很多要素组成，而这些要素又可以分成多个层次来体现，所以产品的质量和性能要达到预期标准，就必须从设计到生产再到销售各个环节都精益求精，才能真正实现其价值。在这个过程中，我们需要不断地追求极致，才能获得用户认可，从而达到更好的效果。极致是产品与客户需求最匹配的状态。在设计上追求完美的同时也要考虑到用户的需求和体验，这样才会产生极致效果。只有通过与用户不断互动，获取反馈，才能达到这种极致。

企业必须以产品为媒介开拓市场、打动用户、成功实现产品价值，从而实现企业的经济价值和社会价值。在企业与消费者之间，消费者始终起着非常重要的作用，而产品则成为了连接两者的桥梁。消费者的消费行为并非完全基于理性，而是在用户体验的点滴积累中通过选择或放弃一款产品来获得。因此，企业必须从细微处着手，不断地对产品进行改良升级，来满足不同层次消费者需求。微创新，就是产品本身的微小变化带来的营销策略上的突破。互联网产品的打磨和经营需要精益求精，即使是微小的变化也足以打动消费者，从而创造出无限的价值。

第三节 信息技术对劳动力市场的变革

信息技术的普及正影响着劳动力市场的运行方式。对信息技术的广泛运用已经消除了地域之间的界限，并可以在任何地方提供某些类型的劳动服务。信息技术的运用对员工的技能要求也越来越高，促使许多员工进行持续培训及技能升级。另外，互联网和相关技术的使用促成了员工和雇主之间的合作与沟通，特别是临时性的员工可以快速而有效地通过各类平台寻找雇主。

一、创业型的就业日趋活跃

“大众创业、万众创新”。为加快培育一批新型经营主体，国家推出了一系列旨在支持创业和创新的政策措施，并发布了分享经济发展指南，以促进建立适应分享经济发展的监管机制，并完善创新创业平台型企业的运营规则，鼓励新型经营主体发展。在新一代信息技术和网络技术的支持下，加强技术整合和商业模式创新，促进平台经济、众包经济、分享经济等领域的创新发展。针对新兴业态企业，政府推出了一系列鼓励创新创业发展的优惠政策，这些政策旨在为符合条件的企业提供财政、信贷等方面的支持。为了推动农村经济的可持续发展，政府鼓励积极探索农产品加工、休闲农业、乡村旅游和农村电子商务等新兴产业和业态。借助新兴业态的发展，实现劳动力的多元化就业，从而推动就业市场的多元化。此外，建立一种新的机制，让政府、平台、行业组织、劳动者和消费者共同参与，以协商规则、分配利益和保障权益为目标。这些政策举措有力地激发了市场主体活力，有效提高了创新创业能力和水平。促进分享经济治理格局的形成，需要动员来自第三方、同业、公众和媒体等多方的监督力量，以实现社会力量的共同参与。“双创”在企业孵化、就业带动、产业提升、供给侧结构性改革推进、经济运行合理区间保持、经济转型升级促进等方面，均扮演着不可或缺的重要角色。同时，也带动了一大批相关企业发展，促进了一批新兴行业兴起，推动了社会创业活动蓬勃发展，催生了大批创新人才涌现。此外，“双创”不仅实现了供需平衡，还顺应了消费需求升级趋势，推出了大量创新产品和服务，扩大了有效供给，创造了大量就业机会。

二、平台型的就业大量兴起

张宪民和严波把互联网新业态平台企业与劳务提供者（生产者）之间的劳动关系分为三种情况：标准劳动关系、“非标准”劳动关系、民事关系（非劳动关系）①。第一种情况，标准劳动关系。基于平台本身定位、追求较高服务质量、加强指挥管理等因素考量，个别互联网平台企业与劳务提供者签订劳动合同、建立标准劳动关系。如某专车平台与大部分驾驶劳务提供者、某社区服务平台与大部分劳务提供者系建立标准劳动关系。但此种情况相对较少。第二种情况，“非标准”劳动关系。一些互联网新业态平台企业通过业务外包、劳务派遣等形式，与劳务提供者形成“非标准”劳动关系。如一些订餐配送服务平台将配送业务外包给供应商，由供应商与配送员签订劳动合同、建立劳动关系。在调查中发现，有的供应商存在承接业务后再转包的情况，有一些是再转包给外地公司，通过在外地缴

① 张宪民，严波．互联网新业态平台企业就业形态调查及探析[J]．中国劳动，2017（8）：14–19．

纳社会保险费等方式降低用工成本。第三种情况，民事关系（非劳动关系）。大部分平台企业会与劳务提供者签订协议，包括合作、承揽等，从而建立了民事关系。这些服务机构利用其在网络平台上提供信息发布、在线支付及代扣费用等功能，收取一定费用。从法律角度讲，平台企业是劳务提供方，但由于其具有信息中介和交易代理功能，所以劳务提供者也属于用工单位。为了解决缴纳社会保险费的问题，一些劳务提供者采用了挂靠缴费的方式，如通过劳务公司等途径解决。随着互联网新业态平台企业的发展，就业形态呈现出从劳动关系向非劳动关系转变的趋势。

三、众包兼职服务平台大量涌现

除了平台型的就业，新常态下经济增速下调之后，传统企业对缩减劳动用工成本的需求越来越迫切，对灵活就业的需求越来越高。从其他国家的经验来看，每一次经济下浮都会促使企业更多地使用兼职的劳动力。日本自20世纪90年代开始的经济低迷和人口老龄化，逐步使其终身雇佣制走向崩溃，目前日本非正式员工占比超过三分之一。加拿大提出的问题就是就业的“优步化”，不稳定性突出。优步化是指从事的工作为非正式、临时性职业，相当于零工。目前，加拿大青年的全职就业率为58%，零工占比较20世纪已经增长了3倍，这是值得深思的一个问题。

互联网经济的发展促进了互联网平台就业的进步，各行各业都出现了借助互联网平台就业的劳动者，互联网平台利用其先进的信息技术扩大了信息传播的半径从而提高了求职者的就业选择效率，并且对求职者未来的就业决策产生了巨大的影响。在互联网经济下，伴随互联网技术发展，出现了一种去雇主化的就业模式，这种就业模式不要求劳动者在固定的场所工作，而是让劳动者依据其技术手段开展工作，在工作地点、工作时间、劳动报酬等方面都呈现出灵活性强和碎片化的特征。整体观之，互联网经济发展对我国的劳动就业不仅产生了巨大的创造效应，也带来了一定的冲击影响，因此政府应不断规制完善失业保障制度，企业需要注重劳动技能培训并提高劳动者薪酬，劳动者应该扩充知识与技能储备，以完善互联网就业环境。

第四节　技术人才供需与市场匹配

随着我国经济转型升级、技术革命加速推进、创新经济蓬勃发展以及“走出去”战略持续推进，各类人才需求规模、水平和结构在经济发展中发生了显著变化，同时人力资源市场上的需求结构也发生了变化。在我国，随着企业改革的深入，越来越多的人开始从过去的“铁饭碗”中跳出来，进入社会这个竞争激烈、瞬息万变的环境中去，他们的收入也在很大程度上有所增加。随着时间的推移，对高技能人才的需求不断攀升，高级工程师、高级技能人员和高级技师的职位空缺与求职人数之间的比例较高。在这种形势下，如何培养出更多适应经济社会发展需要的技能型人才成为摆在高职院校面前亟待解决的问题。对于创新创业领军人才、高技能人才、高层次专业人才以及涉外经济的管理服务人才，地方和企业对其的需求十分迫切。同时，国家鼓励高校毕业生到基层就业，为解决大学生毕业后无法实现就地就近安置问题提供了机遇。但市场需求与人力资源供给之间的结构性矛盾日益凸显，给企业带来了巨大的挑战，市场匹配存在“断点”。

一、人力资源市场监测状况

2021 年第三季度，人力资源社会保障部信息中心和中国就业培训技术指导中心对全国 80 个城市的公共就业服务机构市场供求信息进行了统计分析。随着我国经济运行稳中有进，三季度全国人力资源市场供需人数季节性特征明显，市场用工需求大于劳动力供给，供求总体保持平衡。

市场对具有技术等级和专业技术职称劳动者的用人需求较大，对普工的需求缺口较大。与去年同期相比，市场对高级技师、技师、高级技能人员的用人需求增长幅度较大。与上季度相比，市场对各技术等级和专业技术职称劳动者用人需求均有所下降。

用工侧看，39.1% 的市场用人需求对技术等级或职称有明确要求，其中，对技术等级有要求的占 25.5%，对职称有要求的占 13.6%。求职侧看，41.8% 的求职人员具有技术等级或职称，其中，具有技术等级的占 27.2%，具有职称的占 14.6%。供求对比看，各技术等级的求人倍率均大于 1，市场需求大于供给。其中，高级技师、技师、高级技能人员求人倍率较高，分别为 3.05、2.7、2.51。

与去年同期相比，用工侧看，市场对高级技师（28.8%）、技师（5.9%）、高级技能人员（7%）的用人需求增长较大，对初、中、高级职称的用人需求分别下降了 16.7%、9.7%、43.8%。求职侧看，除高级技师（2.3%）略有增长外，市场中具有各技术等级和职称的求职人员均有所下降，其中，技师、高级技能人员和具有初级职称、中级职称、高级职称人员分别下降了 31.6%、19.9%、15.9%、18%、6.3%。

与上季度相比，用工侧看，市场对各技术等级和职称人员的用人需求均有所下降。其中，对中级技能人员（35.8%）、技师（31.9%）的用人需求下降幅度较大；对具有初、中、高级职称人员的用人需求分别下降了 23%、24.5%、35%。求职侧看，市场中具有各技术等级和职称的求职人员均有所下降，其中，中级技能人员（−33.3%）、技师（−33.1%）人数下降幅度较大；具有初、中、高级职称的求职人数分别下降了 20%、25.2%、34.6%。

二、技术人才供求失衡的原因

随着时间的推移，人才市场的供需矛盾日益尖锐，技术技能人才的培养质量亟待提高，导致毕业生无法持续从事自己专业领域的工作，从而面临着高流失率的挑战。这是目前职业教育发展面临的最大问题之一。究竟是由于人才培养质量未能达到要求，还是由于技能结构与市场需求的错位所导致的不协调，哪个才是问题的深层次根源？或许这两者皆有可能。目前，技术人才的培养目标定位不够准确、人才培养与岗位需求脱节、教学质量监管不到位是三个主要因素。

（一）培养目标定位不够准确

2002 年，国务院发布的《国务院关于大力推进职业教育改革与发展的决定》中指出，职业教育要培养“高素质劳动者和实用人才”。2011 年，教育部发布的《教育部关于推进高等职业教育改革创新引领职业教育科学发展的若干意见》中指出，高等职业教育要以培养“高端技能型专门人才”为主要任务。2012 年，教育部发布的《国家教育事业发展第十二个五年规划》中指出，高等职业教育重点培养产业转型升级和企业技术创新需要的发展型、复合型和创新型技术技能人才。但是高技能人才，尤其技术技能人才的需求，一直不能得到有效供给。

造成这种定位不准确的原因错综复杂，既涉及顶层设计的缺陷，也涉及办学院校培养目标的模糊定位问题。这是目前职业教育发展面临的最大问题之一。当前，各院校需转变观念，不仅要向低端产业输送人才，更要向中高端产业输送具备技术技能的高端人才。高职教育人才培养目标定位模糊，造成了一些毕业生无法适应企业需要。随着科技变革对生产流程的再造，高等职业院校的办学理念未能跟上形势变化，导致劳动力的内涵发生了深刻的变化，原有的培养规格已经无法满足当前需求。

在新的时代背景下，我们必须重新审视技术技能人才的本质，重新审视我们的培养目标。职业教育是我国高等教育体系中不可或缺的组成部分。《国家教育事业发展第十二个五年规划》明确提出：“高等职业教育重点培养产业转型升级和企业技术创新需要的发展型、复合型和创新型的技术技能人才。”这一目标要求我们把提高劳动者素质作为高职人才培养工作的核心任务。在《高技能人才队伍建设中长期规划（2010—2020年）》中，对于那些具备卓越技艺和高超技能、能够进行创造性劳动并为社会做出贡献的人进行了明确的定义。根据《国家职业标准编制技术规程》的规定，技师和高级技师应当具备熟练掌握本职业关键操作技能技术的能力，能够独立处理和解决高难度的技术和工艺问题，并在技术方面进行创新。因此，技能型人才培养模式应以掌握基本理论知识为基础，注重提高职业技能水平。随着时间的推移，技能人才的能力结构中所包含的技术要素逐渐增多，而其操作技能则逐渐减少。

（二）人才培养与岗位需求脱节

第一，课程内容不能满足产业岗位的需要。因此，高职人才培养模式改革势在必行。高等职业教育的宗旨和目标在于培养具备技术应用能力、能够为社会主义现代化建设提供服务的人才，以满足经济社会发展的实际需求。然而，许多高等教育机构的教学模式和教学理念未能跟上时代的步伐，导致在专业设置方面仍然沿袭本科学科分类，过度追求数量和质量的双重目标，这不仅导致毕业生就业难，而且直接影响了高职人才培养质量的提升。高等职业教育在课程设置方面过于追求系统性和理论性，甚至在教材编写和选用方面也缺乏对学生职业能力培养的足够重视，导致其成为本科教育的“压缩版”和“简化版”。部分高等职业院校缺乏独特的办学特色，导致所培养的学生既缺乏理论优势，又缺乏必要的求职技术技能，其在校内习得的知识和能力结构与人力资源市场的需求不匹配，因此其雇佣性较低，难以获得社会的认可和欢迎。

第二，毕业生在实践方面存在一定的短板，需要加强培养。部分毕业生缺乏实践动手能力，有些甚至不如短期培训班学员，需要至少半年的适应时间，甚至有些专业毕业生到了工作岗位不得不转行从事操作工或其他生产岗位。实践动手能力差一直是部分毕业生的求职“硬伤”，这一现象遭到了许多用人单位的诟病，那么实践动手能力究竟是什么呢？它既包括实际操作水平，也包括分析问题与解决问题的能力。简言之，实践动手能力是将所掌握的知识应用于实际问题的解决过程中。高职院校作为培养高技能人才的摇篮，应该重视对学生实践动手能力的培养。因为缺乏坚实的基础和全面的学习能力，毕业生无法灵活运用和迁移所学知识。

（三）教学质量监管不到位

如果将高等教育视为一种教育消费或教育投资，那么其办学风险极小，甚至可以说是零风险，这是一种先收取学费再开始服务的模式。此外，当教育产业的“产品”出现不对板时，缺乏“三包”政策，即“包修、包换、包退”，更没有“3·15”中国质量监管体系的监督。因此，即使整个运营很差，甚至与经济社会的需求完全脱节，办学单位也不会感到担忧，他们更加关注的是招生的盈利。所以，当社会上出现大量的“考研热”“考公热”“留学热”等所谓的“高消费”现象之后，我们才会发现其中隐藏着巨大的教育经营风险和市场隐患。笔者认为，对于“上游”教育单位对“下游”用人单位需求的认识不到位现象，根源在于教育主管部门对各个办学主体的质量监管力度不足，即使出现问题，也不会带来任何风险或惩罚措施，也不会强制停止办学，因为就业难并不仅仅局限于职业教育，普通教育同样存在。因此，教育主管部门应该加大对各办学主体的质量监督力度，特别是在招生阶段就应该加强监管。因为缺乏足够的动力和决心来改善整个教育环境，因此学生作为终端教育消费者，必须承担全部的风险，这是不可避免的。在这样一个背景下，“教育产业化”似乎就成了一句空话，而真正要想使之成为现实却又困难重重。这导致了国民对整个教育体系的信心丧失，甚至怀疑人才的培养并非必须依赖于所谓的学校教育这一形式，而这种做法对于整个国家经济社会的健康发展无疑是有害无益的。

三、国际人才竞争的主要模式

随着全球经济的联系日益紧密，人才市场的竞争日益激烈，国际化已成为一种广泛存在的趋势，人才竞争战略明显呈现出制定因素多元化、不同国情的多样化、政府主导和市场参与相结合等特点。在全球范围内，人才争夺的焦点已经从企业层面转向了国家间的竞争，这是一场全球性的竞争。人才已成为一个地区或国家综合国力的主要标志之一。一个国家的国际地位直接受到其经济和军事实力的影响，而这种影响的主要因素之一是该国所拥有的人才数量和素质。因此，无论是在发达国家、发展中国家还是经济转型国家纷纷调整其人才战略，不仅注重本国人才的培养，同时也积极吸引其他国家的人才，形成了激烈的竞争态势。以下是北美洲及大洋洲发达国家、欧洲发达国家、亚洲发达国家和金砖发展中国家的一些基本的人才竞争政策。

第一，北美及大洋洲发达国家。美国、加拿大和澳大利亚等发达移民型国家拥有完善、高效的移民制度，成为集聚世界人才的利器。这些国家对于本国需要的专业人才通常会建立便捷通道，而且具有一定工作年限的高层次人才可以获得永久居留权，进而归化入籍。加拿大、澳大利亚以职业为导向的积分制移民制度已被世界许多国家广泛采纳。完善的移民制度帮助这些国家通过永久性居民签证留住所需的高层次人才，并通过相应的签证申请制度淘汰不合格的短期移民。这种长期移民和短期移民相结合的移民体系值得尚未建立移民制度的中国研究借鉴。

第二，欧洲发达国家。英国、法国、德国等传统发达国家具有较为深厚的传统民族文化特征，移民政策相对保守，高层次人才向美国等国家流失，这些现象都与中国比较接近。这些国家的国际人才战略最明显的特点是通过科技合作充分发挥人才环流的作用，促进区域间人才共享。欧洲的区域内科研合作计划数量繁多且规模庞大，形成了研究人员自由流动的高层次人才大市场。这种流动形成了“多赢”的效果，使欧盟国家从智力共享中受益。反观中国，不同省份之间人才计划和政策众多，而且户籍制度等影响了人才流动及人才资源的配置效率，可以借鉴传统发达国家通过科技合作促进人才共享的战略，进一步放宽户籍等限制，加强人才在国内的环流和共享。

第三，亚洲发达国家。韩国、日本和新加坡等亚洲新兴国家逐渐放宽居留限制，承认双重国。新兴发达国家的经济和科技发展水平较高。它们正在经受或曾经遇到过大量的人才流失以及高层次人才的缺乏等问题，而且相关问题也曾是制约国家竞争力提升的瓶颈。为吸引族裔人才回国，2011 年，韩国通过《国籍法修订案》，旨在为海外韩侨、结婚移民者、全球人才等群体提供持有双重国籍的机会，政府在特定条件下予以允许。尽管新加坡和日本并未承认存在双重国籍的情况，但都不断放宽对海外本族裔人才的永久居留限制。2017 年，新加坡宣布改进“创业入境准证（Entre Pass）”计划，以吸引更多环球起步公司创业者、创新者和投资者。这个准证原本是为要在新加坡设立深度科技公司的创业者和创新者而设。从 2017 年开始，它将扩大并欢迎有意在新加坡设立创新业务的环球起步公司人才申请。这将使新加坡的科技起步生态系统更活跃，帮助新加坡成为一个领先的起步公司之地。

第四，金砖发展中国家。印度实施的“印度裔卡”和“印度海外公民证”能够为中国提供良好的引才范例。在印度，持有“印度海外公民证”的人无法行使选举权和被选权，因此无法当选各级议员，也无法担任政府官员等职务，但终身可多次进入印度，无居住期限，无须向外国人入境居留机关登记。此外，在购房、医疗、社会保障、所得税、贷款额度、风险投资基金的申请以及知识产权保护等方面，均享有与当地公民同等的待遇。

中国早已开启改革开放之路，内部构建市场经济体系，外部融入全球化经济体系，这些都需要跨越国界和地域的人才流动来提供支持。改革开放以来，我国累计吸引外资超过 1.7 万亿美元，其中华裔占据了主要部分。如果能够实施类似更加灵活的政策，将能吸引更多华人回国，并且可以避免双重国籍带来的敏感性和不可操作性等问题。

第三章 “互联网 +”视角下大学生就业的现状

本章为“互联网 +”视角下大学生就业的现状，主要阐述了互联网经济与大学毕业生就业促进政策的变化、互联网经济与大学毕业生就业的现状、互联网经济与大学毕业生就业面临的挑战、互联网经济对大学毕业生就业的影响趋势、“互联网 +”大学生高质量就业策略五个方面的内容。

第一节 互联网经济与大学毕业生就业促进政策的变化

一、中国互联网经济发展的政策演变

（一）互联网政策的变迁

互联网经济的繁荣离不开互联网政策的有力支撑，它是推动互联网发展的重要引擎。互联网政策是我国进行互联网治理的重要手段，而全面有效的互联网治理，是促进国家安全、社会稳定以及经济健康发展的关键性因素，同时也有利于为互联网经济的蓬勃发展营造一个和谐稳定的内外部环境。自 1994 年国务院颁布《中华人民共和国计算机信息系统安全保护条例》以来，相关部门纷纷制定并颁布了维护互联网安全、保持其良性运行的法律法规和规章制度等各类政策性文件，由此形成了相对系统化的互联网政策体系。从多年的发展历程来看，互联网政策经历了初始、过渡、扩充、深化调整、战略发展等若干个阶段，是一个逐渐完善的过程。互联网政策不仅是国家治理互联网的有力工具，更是推动我国互联网经济蓬勃发展的重要动力。

互联网治理对互联网的良性发展具有非常重要的价值，因此国家在互联网发展的每一个历史阶段或者每一个关键节点都会有相应的政策文件出台，用以规范互联网治理的行为，进而促进互联网经济的发展。例如，为了确保计算机信息系

统的安全性，1994年颁布的《中华人民共和国计算机信息系统安全保护条例》得以实施。经过多年发展，我国已经初步建立起了一套较为完整的信息安全管理体系。2000年公布的《互联网信息服务管理办法》，对与互联网信息相关的一系列服务活动进行了有效的规范，这一措施随后成了互联网治理的主要标准和依据。随着信息技术发展速度的不断加快，网络信息安全问题日益凸显出来，这给社会带来了诸多不利影响，也严重阻碍了我国互联网产业的进一步发展。2005年，基于Web2.0时代的到来，国家出台了《互联网新闻信息服务管理规定》等政策。2011年，伴随着移动互联网时代的到来，互联网治理面临着新的挑战，因此国家修订了包含《互联网信息服务管理办法》在内的多项基础性政策法规，并且进一步出台了《移动互联网恶意程序监测与处置机制》。经过多年发展，我国已经初步建立起了一套较为完整的信息安全管理体系。2016年，我国提出了建立网络空间命运共同体的倡议，并颁布了《中华人民共和国网络安全法》和《国家网络空间安全战略》，以确保网络空间的安全和稳定。中国互联网政策的演变历程在时间节点上得到了重要的理论描绘。因此，本书主要将这些典型性政策作为阶段性发展的主要标志，结合政策文件的内容和数量，对中国互联网政策变迁进行相关研究，将我国互联网政策体系的演变历程划分为以下五个关键阶段。

1. 互联网政策初始阶段（1994—1999年）

1994年，中国正式成为国际互联网大家庭中的第77个成员。在1994年至1999年期间，中国的互联网发展正处于起步阶段，这也是互联网政策发展的起始阶段。这一期间出台了一系列有关互联网的法律法规和规范性文件。在此阶段，可检索到的与规章政策相关的事项重点涉及域名、互联网国际联网、计算机、信息系统等方面的内容，是我国互联网应用普及的初级阶段。在这一阶段，互联网政策的接入导向重在规范互联网基础连接的秩序，与政策关联的核心问题不多，并且多数以管理规定和暂行办法的形式为主，基本上形成了以《中华人民共和国计算机信息系统安全保护条例》和《中华人民共和国计算机信息网络国际联网管理暂行规定》为核心，其他相关性政策文件为主体的互联网政策架构雏形。具体有：《中华人民共和国计算机信息系统安全保护条例》、《公安部关于加强信息网络国际联网信息安全管理的通知》、《计算机信息网络国际联网安全保护管理办法》、人事部办公厅《关于加强人事部门在国际互联网上所建站点及网页管理防止发生失泄密事件的通知》等政策文件。这一时期的互联网政策存在主体结构单一、缺乏一定的系统性等问题。此外，在该阶段，信息安全已经进入公众的视野，被纳入互联网政策议题框架，这表明在互联网进入中国的初始阶段，国家即对信息安全给予了充分的重视。但是，由于该阶段处于我国互联网发展的初期阶段，与信息安全相关的政策多以“通知”的形式出台，且内容尚不完善，其规范性和相关标准的效力也需要进一步增强。

2. 互联网政策过渡阶段（2000—2004 年）

2000 年 3 月，互联网经济泡沫达到了最高点，随后立马出现了高科技股票被持有人大量抛售的情况，投资者与金融机构也纷纷清仓清盘，不到一周时间，股指一路下滑致使纳斯达克损失将近 20%，最终结果导致千禧之年见证了互联网经济泡沫的破灭。在这样的外部环境下，中国的互联网政策文件数量迅猛增长，整体看来，互联网政策由单一结构向系统化体系过渡。因此，2000—2004 年是中国互联网发展承上启下的关键时期。这一时期的政策关键词不仅仅局限于互联网接入和信息系统安全等，更多地涵盖了服务、管理、规定、文化、机构、注册、药品、信息产业、出版等具体行业的互联网应用以及相关的网络服务。这也进一步表明互联网政策关注了更多应用性主题，包括医疗卫生、网络出版、网络知识产权、网络文化等多个方面。整体而言，互联网政策在该阶段主要以促进网络文化和信息产业共同发展为基本理念，呈现出以内容监管为主体，同时大力促进多个社会领域共同发展的互联网政策格局，增强了互联网政策的系统性。此外，该阶段与初始阶段的政策在衔接程度上有一定提升，在执行依据方面除了将相关的法律法规考虑在内，还颁布了一系列与相关管理办法相联系的通知性配套政策以便进行精细化的衔接。配套政策不仅将互联网管理办法的治理领域进一步扩宽，宽泛的政策条文的可操作性也得以提升，而且还有效促进了与互联网关联的政策体系的系统性。

3. 互联网政策扩充阶段（2005—2010 年）

2005—2010 年，互联网技术蓬勃发展，与互联网相关的政策也进一步得以扩充。在这一时期，互联网的演进呈现出三个显著特征：首先，Web2.0 催生了一个大众化的互联网时代，网络社区变得活跃起来，社交网站开始逐渐兴起。网络社区的出现改变了信息传播与交流的方式，并在此基础上推动了社会文化形态的变迁，形成一种“人人都是媒体”的现象。其次，随着互联网经济的蓬勃发展和红利的广泛释放，互联网电子商务服务业已成为国家重要的新兴产业之一，而视频网站、网络游戏和线上教育则成了新的经济增长引擎。最后，互联网技术由PC端扩展到移动终端，移动互联网发展迅猛，互联网交易成为核心议题。在该阶段，随着互联网的快速发展，互联网治理也面临着越来越复杂且难度系数较大的问题。该阶段与互联网发展相关的政策较多，相关的主题涉及服务、互联网、交易、管理、平台、规定、部门、药品、安全等字眼，互联网政策体系进一步得以扩充，且相关主题呈现出集中化和丰富化的趋势。这一阶段的互联网政策主要有三个方面的重点内容：首先，互联网支付与网络购物的政策条文增量较多，互联网政策内容不仅将对平台、供应商等经济主体的规范提上议程，而且对购物、线上支付的具体节点进行了制度性规制。其次，网络游戏在社会舆论中的关注度较高。互联网相关政策中已经开始对网络游戏的运营加以规范，相关部门试图探索一种有效制度，既可以推动网络游戏文化产业的发展，又可以最大化消除网络游戏给青少年带来的消极影响。最后，网络安全在互联网政策中一直占有一席之地，但是持续关注度略显不足。政府相关部门已经出台了包含互联网域名安全保障、实行网络安全信息通报、制定互联网安全保护技术措施等政策措施以进一步保障互联网信息安全。总体来讲，这一阶段，互联网信息成为“公共物品”，自媒体发展迅速，点对点传播日益常态化等，这种情形使得政府相关部门的互联网政策从重视规制技术应用向重视意识形态方向发展。

4. 政策深化调整阶段（2011—2015 年）

2011—2015 年是互联网政策引导产业发展转型的深化调整阶段。该阶段在经历了上一阶段的快速扩充之后进入了一个平稳发展期，与上个阶段相比，与互联网相关的年均政策文件数量呈现出稳步增长的趋势。这一阶段，相关的政策文件主题涉及移动互联网、互联网产业、移动通信、第三方平台、管理、网络服务、“互联网 +”、互联网医疗、药品、文化活动、上网服务、营业场所、域名、终端、搜索引擎、接入、信息安全、支付等多个领域的字眼。由此可见，该阶段的互联网政策的内容更加丰富全面，涉及的领域更加广泛，基本已经形成了互联网特定的专项内容与标准的接入规则等电信业务相互衔接、有效配合的治理局面。这一阶段正好与国家实施的“十二五”规划重合，2012 年，工业和信息化部在颁布了

《互联网行业“十二五”发展规划》，本阶段的互联网政策可以说是围绕着互联网行业发展的“十二五”规划实施的。2011年，相关部门对《互联网文化管理暂行规定》《计算机信息网络国际联网安全保护管理办法》《互联网信息服务管理办法》三项重要的互联网政策进行了修订，以进一步适应互联网的阶段性发展，其中《互联网信息服务管理办法》作为整个互联网政策体系的核心构成要素，已然成为制定其他类型互联网政策的重要依据。对于互联网系列政策的调整完善，是决策部门根据互联网发展的现状和态势进行综合考察，根据上一阶段相关政策评价与考核给予的及时调整和反馈，同时也是基于当下互联网发展价值的新认知。另外，工业和信息化部还出台了《规范互联网信息服务市场秩序若干规定》，以进一步强化互联网市场监管体系的建设。在此基础上，相关部门进一步将信息安全提上重要议程，不仅发布了关于互联网信息安全专项的有关通知，对互联网域名申请进行严格规范，而且对互联网相关产业的风险进行了管理规范。除此之外，这一阶段互联网发展的最大特点就是国家对互联网产业发展的大力支持，专门发布了《国家发展改革委办公厅关于组织实施2012年下一代互联网技术研发、产业化和规模商用专项的通知》以鼓励支持互联网相关产业的商业化发展。2013年，相关部门对互联网的接入服务进行了进一步的规范管理，并出台了《电信和互联网用户个人信息保护规定》加强对互联网信息安全的保障。在这一阶段的另一重要特色就是对移动互联网和移动通信技术的大力推动，例如国家发展改革委办公厅颁发的《国家发展改革委办公厅关于组织实施2013年移动互联网及第四代移动通信（TD-LTE）产业化专项的通知》对移动互联网产业化给予了明确的政策支持。2014年，工业和信息化部出台了《关于加强电信和互联网行业网络安全工作的指导意见》，这表明国家有关部门的政策在未来将倾向于进一步增强对电信和互联网行业网络安全的规范化管理，网络安全作为互联网发展的核心议题，热度一直居高不下，而且网络版权作为本阶段的新兴热点被有关部门给予了相当程度的重视。2015年相关政策的主要特点就是互联网产业具体领域的支持性政策呈现“井喷状”发展，与之相关的政策性文件有国家旅游局发布的《关于实施“旅游＋互联网”行动计划的通知》、商务部发布的《商务部办公厅关于印发“互联网＋流通”行动计划的通知》、中国期货业协会发布的《期货公司互联网开户规则》等相关规则。在这一阶段，国务院出台了《国务院关于积极推进“互联网＋”行动的指导意见》，表明我国互联网产业发展迅速，即将达到新的战略性阶段。

5. 战略发展阶段（2016 年至今）

自 2016 年至今，是我国互联网的战略发展阶段，同时也是中国互联网治理以及政策发展的爆发期。迄今为止，国家有关部门不仅出台了数量众多的互联网治理政策，也有效提升了政策效力，而且紧紧跟随互联网产业发展的趋势以及网络安全战略发展的步伐。这一阶段，中央及地方相关部门出台的互联网政策文件，内容重点涉及“互联网 +”、数字经济、工业互联网、5G、人工智能、网络安全、域名、平台、互联网医疗、药品、移动互联网、文化管理、互联网教育、政务服务、互联网金融、监管、物流、广告管理、应用程序、公众、运营、技能等诸多搜索频次较高的字眼，表明现阶段我国互联网发展主要呈现出以下几个特点：第一，随着人工智能、5G、大数据等互联网技术的突飞猛进，政府部门相关政策文件中也对“互联网 + 医疗健康”“互联网 + 先进制造业”“5G+ 工业互联网”“互联网 + 智慧能源”“互联网 + 高效物流”等方面表现出明显的偏好，极大地促进了互联网产业的发展。相关的政策文件主要有《国家能源局关于公布首批“互联网 +”智慧能源（能源互联网）示范项目的通知》《国家发展改革委关于印发〈“互联网 +”高效物流实施意见〉的通知》《国务院关于深化“互联网 + 先进制造业”发展工业互联网的指导意见》《国务院办公厅关于促进“互联网 + 医疗健康”发展的意见》《工业和信息化部办公厅关于印发“5G+ 工业互联网”512 工程推进方案的通知》等。第二，在该阶段的互联网政策体系中，网络安全占据了核心地位，与社会治理的理念一脉相承。以“网络安全”“共同治理”为核心的战略性的、精细化的互联网政策体系正在逐渐形成。具有代表性的政策文件主要有《工业和信息化部 教育部 人力资源和社会保障部等 10 部门关于印发加强工业互联网安全工作的指导意见的通知》《工业和信息化部关于废止《互联网网络安全信息通报实施办法〉的通知》《公共互联网网络安全威胁监测与处置办法》《工业和信息化部关于印发〈公共互联网网络安全突发事件应急预案〉的通知》《工业和信息化部办公厅关于深入推进互联网网络接入服务市场清理规范工作的通知》等。第三，在这一时期的互联网政策体系中，互联网与政务服务联系紧密，政府自 2016 年之后逐渐成为互联网运营主体之一。同时，政务服务与互联网的结合提高了政策制定与实施的效率，也有利于进一步分析互联网的发展现状，促进互联网政策体系的不断发展完善。其中与之相关的典型的政策文件主要有《国务院关于加快推进“互联网+政务服务”工作的指导意见》《国务院办公厅关于印发进一步深化“互联网+政务服务”推进政务服务“一网、一门、一次”改革实施方案的通知》《国务院办公厅关于印发“互联网+政务服务”技术体系建设指南的通知》等。第四，在该时期的互联网政策体系中，平台、第三方、公众等一并成为互联网治理的关键节点，同时在与互联网内容相关的监管方面，第三方平台也是相关部门重点监管的对象。此外，广告、新闻等文化传播方面的内容，在与互联网融合发展的过程中仍然是被监管的重点对象。与之相关的典型性的政策文件有《工业和信息化部关于印发〈工业互联网平台建设及推广指南〉和〈工业互联网平台评价方法〉的通知》《国家税务总局关于开展互联网物流平台企业代开增值税专用发票试点工作的通知》《工商总局关于开展互联网广告专项整治工作的通知》等。总之，这一时期的互联网政策内容更加全面，更偏好利用先进的互联网技术加快促进“互联网+”相关产业的发展，政策的制定和执行也更加精细化，会与传统行业、互联网平台、监管部门、社会、公众等多个主体密切关联，还会涉及多个应用平台，App、小程序、公众号等多种媒介形态，并且在可预见的未来，随着互联网技术的日新月异，我国互联网的蓬勃发展将会为国民经济发展注入新的增长点。

（二）互联网经济的发展

互联网经济的概念是由约翰·弗劳尔（John Flower）率先提出来的。1999年，美国得克萨斯大学在其发布的世界上第一份互联网经济报告《衡量互联网经济》中将互联网经济分为四个层次：首先是包含互联网的主要供应商、网络硬件软件公司等的基础性结构；其次是包含数据库、搜索引擎、网站等一类的基础设施；然后是由互联网在线代理服务商和应用平台构成的第三方中介；最后是包含在线支付、电子商务等方面的线上交易的实施。国内学者指出互联网经济是将知识和信息等作为基本导向，然后利用信息网络的交互作用以及快捷性和泛生性等特点改变传统的生产模式和生活方式，并且能够催生出新型生产模式和就业新形态的一种新型经济形式。互联网经济是中国经济高质量发展的重要推动力量，在产业融合和结构优化、创造经济新动能方面会起到关键的作用，但是目前我国互联网经济发展尚不成熟，会存在较多的无法避免的问题，因此相关部门需要完善政策体系、规章制度、监管体系等保障互联网经济的长期发展。

随着互联网技术发展的日新月异，我国互联网经济同样发展迅速，不仅包含对传统制造业的改造升级，还涵盖互联网金融、电子商务、搜索引擎、即时通信、网络游戏等多个方面，覆盖面逐步扩大。而且与传统经济相比，互联网经济具有直接性、快捷性、外部经济性、高渗透性和可持续性五大特征，具备传统经济无可比拟的发展潜力。我国互联网经济的发展与互联网的发展基本上保持了良好的同步性，是一个逐渐发展成熟的过程。鉴于互联网发展的阶段性划分，本书将互联网经济的发展主要划分为五个阶段：酝酿阶段、初始阶段、快速发展阶段、稳步推进阶段、战略发展阶段。具体内容如下。

1. 酝酿阶段（1994—1999 年）

1994—1999 年，中国互联网发展步入初期阶段，但是这一阶段的互联网发展主要涉及互联网的接入问题和安全问题。在政策文件中也是将如何规范互联网接入秩序、如何把控互联网信息系统安全和联网安全等问题作为重点问题进行规定。政策文件主要规定了两个方面的内容：一方面是相关部门需要根据规定对用人单位、相关机构、个体用户进行规范化审核批准；另一方面是对与互联网相关的业务所接入的经营活动的范围进行一定的规范化和标准化。总之，在互联网发展的初期，以完善互联网的基础设施和规范化管理为要务，而对于互联网经济而言，该阶段主要是进行限制和规范互联网今后开展业务的经营范围，因此该阶段为互联网经济的萌芽阶段。

2. 初始阶段（2000—2004 年）

2000—2004 年，正值中国互联网政策发展的过渡时期，也是中国互联网发展较为关键的时期。这一时期的互联网政策呈现出由单一结构向系统化体系过渡的格局，互联网政策不再局限于网络接入、信息安全问题，而是涉及更多互联网文化、新闻信息服务、互联网医疗、药品信息服务等方面的经营性内容。这一阶段的互联网相关政策将促进互联网文化和信息技术产业的协同发展作为主要的发展理念，在这一理念的指引下，网络运营和互联网产业初现端倪，互联网经济开始有所发展。例如，文化部对许多私营企业设立经营性互联网文化单位进行了专门性批复以及相关部门对互联网上网服务营业场所的连锁经营进行核准等，其中代表性的政策文件有：国务院发布的《互联网上网服务营业场所管理条例》、文化部发布的《互联网上网服务营业场所计算机经营管理系统技术规范》《文化部关于同意天津剑笛互动软件技术有限公司设立为经营性互联网文化单位的批复》等。

3．快速发展阶段（2005—2010 年）

2005—2010 年，本阶段的互联网发展迅速，极大地释放了互联网经济的红利，加快了互联网经济的发展速度。在这一阶段，互联网电子商务服务行业被界定为国家颇为重视且重点推动的新兴产业，自媒体、移动终端 App、视频平台、网络游戏、线上支付等领域成为互联网经济发展的新兴增长点，从而进一步推动了互联网产业发展的进程。此外，在这一阶段，大量的企业继续被文化部认定为经营性互联网文化单位，互联网文化产业发展势头强劲。具有代表性的政策文件有：《国家发展改革委办公厅关于组织实施 2008 年下一代互联网业务试商用及设备产业化专项的通知》《国家发展改革委办公厅关于组织实施下一代互联网示范工程 2006 年产业化及应用试验专项的通知》《国家发展和改革委员会关于组织实施下一代互联网示范工程 2005 年研究开发、产业化及应用试验的通知》《深圳市人民政府关于印发深圳互联网产业振兴发展规划（2009—2015 年）的通知》等。

4．稳步推进阶段（2011—2015 年）

这一时期是互联网经济的稳步推进阶段，市场是这一阶段互联网发展政策的核心主题词，而且随着 2012 年工信部出台《互联网行业“十二五”发展规划》，互联网产业的发展势头更为强劲。这一阶段互联网经济的发展方向主要有以下几个方面。

首先，“互联网 +”是这一阶段互联网经济发展的典型特色，也是互联网与传统产业融合发展，线上线下密切互动加快发展速度、提高发展质量的关键时期。其中，国家相关部门颁布了许多相关性的政策文件，例如：《国务院关于积极推进“互联网 +”行动的指导意见》《国家旅游局关于实施“旅游 + 互联网”行动计划的通知》《商务部办公厅关于印发“互联网 + 流通”行动计划的通知》《国家税务总局关于印发〈“互联网 + 税务”行动计划〉的通知》等。

其次，在该阶段互联网金融产业的发展较为迅速，尤其是互联网保险业务的发展渐成规模化，相关部门对保险业务的监管也给予了充分的重视。其中，具有代表性的政策文件有：中国保险监督管理委员会出台的《互联网保险业务监管暂行办法》、中国人民银行和财政部等部门出台的《关于促进互联网金融健康发展的指导意见》、中国保险监督管理委员会《关于提示互联网保险业务风险的公告》以及《陕西省人民政府办公厅关于促进互联网金融产业健康发展的意见》等。

最后，在该阶段，互联网平台经济和移动互联网发展态势良好。相关部门也积极出台了一系列政策文件推动其发展，例如：《国家发展改革委办公厅关于组织实施2013年移动互联网及第四代移动通信（TD-LTE）产业化专项的通知》《国家食品药品监督管理总局关于开展互联网第三方平台药品网上零售试点工作的批复》《国务院关于大力发展电子商务加快培育经济新动力的意见》《国务院办公厅关于促进跨境电子商务健康快速发展的指导意见》等。总之，在这一阶段的互联网经济的发展与上个阶段紧密衔接、稳步推进，为国民经济的发展注入源源不断的新动力。

5. 战略发展阶段（2016年至今）

2016年以来，随着人工智能、大数据、5G技术的发展进步，互联网经济发展也迎来了新的发展机遇。2016年，中共中央与国务院办公厅出台了《国家信息化发展战略纲要》，标志着我国互联网经济进入了战略发展阶段。在这一阶段，我国互联网经济的发展既一脉相承，又呈现出新的特点。主要表现在以下两个方面。

一方面，“互联网＋”新型形态发展得更加迅速，所应用的领域也得以进一步拓展，不仅与传统的制造业、医疗健康、护理服务、教育等相结合，也积极与智慧能源、高效物流、人工智能、绿色生态等新兴领域相融合，以促进互联网经济的全方位、多层次有序有效发展。除此以外，“互联网＋”的发展与政务服务、社会服务、社会组织等也有效结合，形成了互联网快速发展的背景下，政府工作和社会治理等领域的高效率运营模式。

另一方面，随着移动互联网的进一步发展，互联网平台经济呈现出更加蓬勃发展的强劲活力。2018年，《工业和信息化部关于印发〈工业互联网平台建设及推广指南〉和〈工业互联网平台评价方法〉的通知》，以助力工业互联网平台建设，促进互联网平台经济发展。目前我国互联网平台经济的发展，主要是一些大型互联网公司和众多中小型互联网公司形成的“众星捧月般”的发展格局。互联网平台经济的业务主要以接入业务、内容业务、服务业务为主，形成了B2B和B2C

两种经营模式。整体而言，互联网平台经济会随着互联网技术的发展呈现出更加活跃的发展态势，互联网平台经济作为互联网经济的中坚力量，将会进一步促进国民经济的健康可持续发展。

二、大学毕业生就业促进政策的制度变迁

在我国大学生就业体系中，大学生就业制度是其中较为关键的组成部分，也是国家促进大学生就业创业的重要的指导性政策文件，同时也是国家在特定时期针对大学毕业生就业的明确且重要的政策性导向，主要由教育部、人力资源和社会保障部等政府职能部门承担大学生就业制度的策划、制定、实施、监督以及调节工作。总而言之，针对大学毕业生群体的就业促进政策不仅是高校毕业生就业工作的主要政策依据，也是大学毕业生就业的重要指引和保障。1949 年至今，我国大学毕业生就业制度随着社会经济的发展一直在不断完善，鉴于不同的历史背景，大体上可以分为统包统分阶段、由供需见面到双向选择的过渡阶段以及以市场为导向的自主择业阶段，每个阶段的大学毕业生就业促进政策也都呈现出不同的特点。在不同的时代背景下，针对大学毕业生的就业政策的侧重点有所不同，与每个阶段的环境与时代特征相适应，都曾发挥着重要的价值。在我国，大学毕业生就业政策的演变进程与整个社会主义市场经济体制的变化历程息息相关。我国大学毕业生就业促进政策与社会主义市场经济体制相适应的发展过程表明，大学毕业生就业促进政策的动态变化是一个系统性的工程，不是一蹴而就的。

（一）统包统分阶段的大学毕业生就业制度

大学生毕业之后就业由国家统包统分的制度从中华人民共和国成立初期持续到 20 世纪 80 年代中期。在这一时期，我国经济属于高度集中、严格管理的计划经济时代，与经济基础相适应，我国高等教育的发展同样也采用了高度集中的计划管理形式，从计划招生到促进就业，全部由政府相关部门按照计划进行管理，统一筹划。高等院校按照计划招生，大学毕业生按照计划服从组织的分配调动，企事业单位等按照用人需求计划接收一定比例的毕业生并将其安排到合适的岗位，所有的大学毕业生就业都是通过行政安置来完成的，这就是“统包统分”的大学生就业模式。在这一阶段中，政府的行政安置是大学生就业的唯一方式，这

也是计划经济体制下必然的资源配置方式。这一阶段的高校以及用人单位是没有选择权的，它们都只有执行的义务。而高校毕业生作为国家计划培养的人力资源，完全受政府调控，毕业之后的就业也完全由国家统一分配、统一安排。

1. 历史背景

在中华人民共和国成立的初期阶段，由于社会资源匮乏，社会经济的发展正处于起步阶段，因此必须采取措施以满足社会发展的需求，实现社会资源的有效配置，以苏联为样本并结合我国国情的计划经济模式成了我国社会发展的必然选择。计划经济是一种社会资源的配置形式，主要基于政府相关部门制订的计划，通过行政指令以强制性的方式对各种资源进行配置。大学毕业生作为国家重点培养的高级专门人才，在当时属于非常紧缺的人力资源。为了将大学毕业生这一稀缺的社会资源在国家经济建设与社会发展中的作用更为有效地发挥，国家制定并实施了统包统分的就业政策，在初期的发展阶段，该政策发挥了积极的促进作用，同时也充分展现了社会主义制度的卓越性和先进性，在满足国家经济发展对高精尖人才需求的基础上，有效地缓解了不同区域和不同行业之间人力资源分配不均衡的不良状况。

2. 相关政策发展

1950 年，大学毕业生的就业分配工作正式拉开序幕。面对新中国培养的第一代大学生的就业难题，1950 年 6 月 22 日，政务院出台了《为有计划地合理分配全国公私立高等学校今年暑期毕业生工作的通令》（以下简称《通令》），这也成为我国大学生就业行政安置工作的起点。《通令》中规定，将从人数较多的华东、中南、西南等地区抽调部门优秀毕业生支援重点的工业建设区——东北三省，同时将华北地区的部分优秀毕业生抽调到中央党政机关中来。这一时期的政策带有明显的计划分配、按需调控的色彩。

1951 年 10 月，政务院在其颁布的《关于改革学制的决定》中，清楚明确地指出了“高等院校毕业生的工作由政府部门分配”的制度原则。1952 年 7 月 19 日，政务院在《关于 1952 年暑假全国高等学校毕业生统筹分配工作的指示》中指出政府统一分配高等院校毕业生的工作，这与我国当时阶段发展的实际状况和发展需求相匹配。从这一时期开始，我国的大学毕业生就业就初步形成了国家负责、按计划分配的制度。

1966年，高考制度被废除，高校停止了正常招生，高中毕业生不能正常升学，原来毕业生分配工作制度自然不能正常运行。1968年年底，国家出台相关政策，以接受“贫下中农”的再教育为目的，号召知识青年开展“上山下乡”运动。19970年，党中央决定在部分高等院校恢复招生，但是采取的是推荐入学审批的方式，主要招收“工农兵学员”。经推荐入学接受高等教育的毕业生的分配基本上是根据生源情况分配到原地区或者单位统一安排就业，国家仅对其中少量毕业生进行调剂。1977年，高考制度恢复，对于大学毕业生的就业安排，需要在国家统一计划指导下以抽成调剂加分级安排的方式进行，但是大学毕业生就业政策基本沿袭“统包统分”的旧有做法。

20世纪80年代之后，大学毕业生的就业主要是针对不同招生方式入学的毕业生采取不同的就业方式，因人施策，即针对国家计划招收的学生采取计划分配的方式，而针对委托培养的学生则按合同规定到委托单位工作，自费生则由学校推荐就业或者由其基于自身能力自谋职业。1981年2月13日发布的《关于改进1981年普通高等学校毕业生分配工作的报告》指出，在国家宏观性的、统一性的计划指导下，对大学毕业生以抽成调剂加分级安排的方式进行调拨分配。根据1985年5月27日发布的《中共中央关于教育体制改革的决定》，对于大学毕业生的毕业分配政策，必须遵循国家计划的指导，允许个人自主选择志愿学校，而用人单位则应根据大学毕业生的志愿进行“择优录取”。这为以后就业政策的深化改革并逐步向“自主择业”转变指明了方向。但是，这只是行政安置的辅助手段，大学毕业生的就业依然是国家计划的一部分，只是对行政安置的方法进行了一些优化。由此我们不难看出，这一阶段的高校毕业生分配制度完全是计划经济体制的产物。尽管这一制度随着时间的推移不断进行调整，但是其计划经济的本质并没有发生改变，依然是统包统分的行政安置。在这一阶段中，无论是劳动力市场的供给方还是需求方都无法对自己的实际需求进行自主的选择和安排。劳动力资源完全按照“有形之手”进行配置，匹配不当也就在所难免。但是从国家经济建设的角度来看，这种模式是我国社会体制下经济发展的必然选择。

3. 制度效用评价

对于统包统分的大学毕业生就业分配制度，有一点可以肯定的是，这种以行政安置为主要方式的统包统分的大学生就业制度在计划经济初期的确有一定的积极作用。它不仅满足了社会经济发展对各种专业人才的需求，而且为经济发展落后的偏远地区、较为冷门的行业输送了大批高素质人才，为我国社会主义初级阶段的经济发展提供了良好的资源配置，为经济发展奠定了基础，完全体现了计划经济体制下的社会主义优越性。

但是，伴随我国经济社会发展的进一步推行，在国家计划指导下的以行政安置为主的统包统分的就业制度暴露出了越来越多的弊端，这具体表现为以下两个方面。

一方面，在人才培养方面，统包统分的行政安置手段不利于人才资源的开发与利用。由于是计划经济下的培养体制，我们的高等教育在人才培养方面受限于政府的计划与安排，而不能根据社会经济发展的需求灵活地进行人力资源的开发，这对我国经济和社会的全面均衡发展产生了一定的负面作用。人力资源的缺少使得新中国亟待发展的领域没有得到有效的发展。此外，行政安置手段带来的信息不对称，造成了很多高校毕业生所学专业与就业单位的岗位需求不对口，无法发挥其专业特长，同时很多用人单位也没有得到最适合的人才，从而导致人力资源的大量浪费。

另一方面，在人力资源的配置方面，由于高校、用人单位缺乏对人才培养、人才输送、人才使用的自主性，无法使市场的人力资源达到最高效率的配置。国家对高等院校人才的培养采取了行政干预的做法，将培养人才、为社会输送人才的高等院校和对人才有多样化需求的用人单位都置于被动的地位，不得不服从上级的计划安排和调配。负责毕业生分配的主管部门在制订计划时，又存在一定的主观性，对用人单位的需求以及紧急程度、毕业生的实际情况和质量等都缺乏足够的了解，容易导致人员分配不合理，与实际需求不适配的情况。以行政性的安排为基础，高等院校根据政府部门的指令性计划分配大学毕业生，而对于毕业生的接收工作，用人单位却无法根据实际的人才缺口进行有针对性的选择，双方出现了严重的信息不对称的情况。用人单位是否迫切需要派遣过来的毕业生，毕业生是否适合所安排的单位，能否在安排的岗位上根据自己的专业特长实现自己的最大价值，是否会出现冗员的情况等问题在这一时期都没有办法得到有效的解决。

（二）由供需见面到双向选择的过渡阶段的大学毕业生就业制度

1. 历史背景

20 世纪 80 年代中期至 20 世纪 90 年代末，我国大学毕业生就业制度开始进入由供需见面到双向选择的过渡阶段。这一时期，大学毕业生的就业制度并没有完全脱离行政安置的分配阶段，但是自主选择的就业形式已经开始出现，这一阶段属于典型的“双轨并行”阶段。我国在改革开放之后，逐步实行社会主义市场经济，虽然有一定的市场自由调节的特色，但并没有改变国家宏观调控的本质属性，不过这个阶段国家的宏观调控已经脱离了计划经济下的固有模式。这一阶段，随着市场经济体制改革的深入发展，劳动人事改革也逐渐深入，原来“统包统分”的大学毕业生就业制度与新的经济形势越来越不协调，无法融合发展。“统包统分”的大学生就业制度不利于人才的合理优化配置，也不利于高校对人才的均衡化、多样化培养，更无法有效满足用人单位对人才的多样化需求。1985 年，中共中央出台了《中共中央关于教育体制改革的决定》，这一决定标志着是我国大学毕业生就业制度开始改革。该决定明确指出，在国家招生计划中的大学生的就业分配，应该由高校指导毕业生进行自主性的志愿填报，然后由用人单位基于自主需要择优录取，进行适当安排的办法实施。这一决定不仅为大学毕业生就业制度的改革发展奠定了坚实的基础，而且在国家相关部门的积极推动下，加大力度改革传统的“统包统分”制度，渐渐发展成了以大学毕业生和用人单位双向选择为基础的就业指导制度。

2. 相关政策发展

社会主义市场经济体制的逐步确立，导致传统的“统包统分”的大学生就业分配制度的弊端日益显现，而且越来越无法满足社会经济发展对各类人才的多样化需求。1985 年颁布的《中共中央关于教育体制改革的决定》明确规定在国家计划招生体系内的大学毕业生需要在相关就业政策的指导下，根据个人需求填报志愿并在学校的就业推荐制度下自主择业，企事业单位等根据对人才的需求自主选择优秀的人才。在此之后，国家有关部门改变了以往由个别部门单独制订人才分配计划的做法，实施由政府主管部门和高等院校协作共同编制毕业生分配计划的举措，并且在分配过程中日渐实现“供需双方的见面交流”，使这一阶段的就业分配制度更加科学化、合理化。与此同时，相关部门在部分高校还开展了小规模的“双向选择”的试点工作。这项试点工作的开展，有利于日后大学毕业生就业分配制度改革的进一步深化，并且为过渡到“自主择业”的大学生就业制度积累了一定的经验和基础。此后，1989 年 3 月国家教育委员会颁布的《高等学校毕业生分配制度改革方案》属于基于社会主义市场经济的大环境和改革发展的程度确立下来的中期改革方案。该方案明确指出，在过渡阶段实施以高校为主导的向社会推荐就业、毕业生和用人单位进行双向选择的就业模式。

1993 年 2 月，中共中央、国务院颁布的《中国教育改革和发展纲要》明确指出了大学毕业生就业制度改革的主要目标，改变原来的高校毕业生由政府相关部门按照计划“统包统分”“包当干部”的就业分配制度，实行对“师范学科、艰苦行业、边远地区”的大学毕业生由国家安排就业的制度，但是针对其他毕业生则实行在国家就业政策的指导下，通过人才市场或者校园招聘等渠道，基于“自主原则”进行双向就业的办法。

1994 年，国务院出台了《国务院关于〈中国教育改革和发展纲要〉的实施意见》，其中明确规定高等院校招生以及大学毕业生就业制度的改革举措，要求高等院校实施并轨招生的办法，由大学生自主缴费上学，毕业之后按照自愿原则自行就业。另外，政府有关部门于 1994 年还出台了《关于进一步改革普通高等学校招生和毕业生就业制度的试点意见》，其中明确指出，国家放弃行政分配的就业分配制度，主要颁布相关的政策方针对大学毕业生就业进行指导，推行助学金制度，积极发布社会需求信息，引导大学毕业生在一定范围内实现自主创业，有序融入人才市场竞争之中。

后来，《国家教委关于 1995 年深入进行普通高等学校招生和毕业生就业制度改革的意见》中要求普通高等院校实施“并轨”招生，并鼓励大学毕业生基于在本系统、本行业范围内自主择业的原则，待时机成熟之后过渡到让大多数毕业生自主择业，一直到 2000 年左右逐渐实现大学毕业生就业制度改革的基础目标。

1997 年，政府有关部门出台了《普通高等学校毕业生就业工作暂行规定》，对大学毕业生就业的一系列具体环节做出了明确规定，并进一步规范了高校毕业生与用人单位双向选择的就业制度。同年，党的十五大召开，会议明确指出非公有制企业是社会主义市场经济的重要组成部分之一，从而为大学毕业生选择非公有制企业就业提供了现实性的政策依据。这表明我国社会主义市场经济体制下的就业环境也正在日益完善。

3. 制度效用评价

由供需见面到双向选择的过渡阶段的就业制度除在一定范围内仍继续实行国家统一分配的制度外，逐渐演变为一种新型的就业制度，以“双向选择”为指导目标，以自主性原则为基础，主要采用“供需双方见面”的方式。此方法增强了用人单位在市场竞争中重视人力资源储备的观念，推动了高等教育体制改革，增强了其适应社会需要的主动性和积极性，同时新的就业配置方式也转变了高校毕业生的思想观念。新制度的实施打破了过去大学毕业生由国家“包分配”的惯例，让大学毕业生能够积极主动去提升自己的核心技能，用真才实学武装自己的头脑，自主找寻工作单位，毕业生不再被动地等待国家分配，而是主动通过提高学习积极性和竞争意识，努力增强自己在劳动力市场中的竞争力，从而选择更好的就业机会。

这一阶段初步建立起了“双向选择”和“自主择业”的就业制度，随着社会经济的不断发展，取得了许多积极成果。首先，推动了高等教育各环节的改革，高校开始主动地去适应市场所需而进行自身改革；其次，在一定程度上促进了社会人力资源的优化配置，更多的人才流向了适合自己的行业，用人单位得到了自己所需的人才；最后，改变了落后的社会就业观念，靠自己的知识和能力到社会中竞争，选择适合自己的工作，代替了原来“等、靠、要”的落后思想。

但是，新的制度体系处于一种过渡阶段，一方面没有完全摆脱行政安置的分配手段，另一方面新的就业方式缺少完整的体系，存在政策不够配套、人才市场不够规范等问题。所以这一阶段的就业体制并不完善，主要表现如下。

（1）政府和高校在毕业生就业安置过程中的主导作用不断下降，毕业生人力资源在社会配置上的可控因素日趋减少。政府只负责少数毕业生的就业安置，大多数的毕业生在市场体制的激励下，通过双向选择，更多地流向了发达地区和热门行业，使社会人力资源分配不均衡。

（2）我国人才市场的建设尚不完善，在就业分配过程中出现了许多不公平的现象。随着我国经济的发展，不同的就业岗位出现了一定的差距，更多的毕业生期望到效益好的部门工作。但是市场经济发展不完善，缺少必要的公平竞争，不能真正以公平竞争、择优录用的原则选拔人才，反而在就业分配中出现了左右自主择业的手段，这对高等院校正常化的就业分配制度产生了不良影响。

（三）以市场为导向的自主择业阶段的大学毕业生就业制度

2000 年至今，我国的大学毕业生就业制度处于以市场为导向的自主择业阶段，该阶段的主要特征与我国社会主义市场经济的改革发展关系密切。

1. 历史背景

21 世纪初期，知识经济发展势头强劲，世界各国的经济发展越来越依赖于科技的进步和人力资源的开发，教育的发展必然成为市场经济可持续发展的活力源泉。恰恰是因为教育取得了长足的发展进步，尤其是经济建设和社会发展与高等教育的发展紧密结合，我国经济的科技含量得到了有效提升，这进一步推动了社会主义市场经济向知识经济的转型。我国经济在这一阶段实现了两个根本性转变：一是高度集中的计划经济快速转型，步入社会主义市场经济的“快车道”，二是劳动密集型经济逐渐向知识密集型经济过渡，对知识和科技在经济发展过程中的作用给予了充分的重视。在这两个根本转变的过程中，高等教育扮演了颇为重要的角色，与市场经济体制中的诸多主体相联系发挥了重要的作用。大学毕业生就业制度是联系高等教育与市场经济发展需求的重要纽带，对大学毕业生就业制度进行改革，并使这种改革适应社会发展的需求成为社会经济发展的重要环节。

2. 相关政策发展

随着社会主义市场经济改革的深化，大学毕业生的就业政策也发生了相应的变革。教育部在 1999 年颁布了《面向 21 世纪教育振兴行动计划》，其中明确指出，我国将从 2000 年开始逐步建立相对完善的大学毕业生就业制度，并将原来就业分配中的“派遣证”制度更改为向大学毕业生统一发放“就业报到证”的形式。与此同时，相关部门在全国教育工作会议中也进一步指出，我国计划建立的大学毕业生就业促进制度的主要特征是由大学毕业生自主择业、通过自身素质比拼实现竞争上岗，然后由用人单位依据自主性原则择优录用。这表明我国大学毕业生就业制度开始进入以市场为导向的自主择业阶段。2000 年之后，我国的大学毕业生就业政策以市场导向、追求效率为基准，准确来说是将市场导向、追求效率的大学毕业生就业政策进一步加以完善。2002 年发布的《关于进一步深化普通高等学校毕业生就业制度改革有关问题的意见》中指出，要积极进行宣传教育，转变大学毕业生的就业观，建立健全以市场为导向、以政府宏观调控为指导、以学校推荐为辅助、以学生个体和用人单位双向选择为主体的就业机制，同时该意见明确指出坚持以市场为导向的就业方针，引导大学生到基层和中小企业就业是此阶段解决就业的重要途径之一。在这一阶段，政府相关部门对大学生自主创业给予了充分的重视，这也是在社会主义市场经济下，我国大学毕业生就业政策中以市场为导向的自主择业阶段的重要体现。

在高等教育逐步走向大众化，知识经济发展得如火如荼的宏观背景下，高等院校扩招迅速，大学毕业生逐年增加，规模不容小觑，因此实施战略性、针对性的就业促进政策，促进大学毕业生稳定就业非常重要。大学毕业生不仅可以作为单纯的求职者，也可以成为工作岗位的创造者，以创业带动就业，最终实现自我就业和带动就业的互利共赢。国务院办公厅在 2002 年颁布的第 19 号文件《国务院办公厅转发教育部等部门关于进一步深化普通高等学校毕业生就业制度改革有关问题意见的通知》中明文规定，要求银行、工商或税务等部门采取优惠或优待举措大力支持大学毕业生的自主创业，如简化行政审批手续、实施税率优惠、发放无息或低息贷款等。不仅如此，国务院专门下发通知，对于从事个体经营的大学毕业生，从工商批准日起免交一年行政事业性收费，并且鼓励发展良好地区的金融部门对大学毕业生提供一定份额的小额贷款和担保。另外，人力资源和社会保障部也开展了各式各样的就业创业培训以鼓励大学毕业生自主创业或者灵活就业。2003 年，国务院办公厅在其颁发的《国务院办公厅关于做好 2003 年普通高等学校毕业生就业工作的通知》中明确了大学毕业生就业政策今后改革的重点和方向，这标志着新时代大学毕业生就业促进工作的政策框架已经基本形成。

整体而言，从 2000 年至今，我国大学毕业生就业促进政策总体上呈现出平稳前进的状态，按照“市场导向、政府调控、学校推荐、学生和用人单位双向选择的就业机制”稳步推进。政府相关部门每年都会根据国内外的就业形势对大学生的就业工作进行部署，或者专门对特定的就业促进工作进行制度性安排。这些政策的属性基本上是以市场为导向，借助高等院校或社会各界提供的招聘平台，充分发挥大学毕业生和用人单位的自主性，实现大学毕业生的高效率、高质量就业。同时，在引导大学毕业生自主择业的前提下，国家相关部门在政策制定上对大学毕业生到基层就业和进行自主创业等给予充分的重视，有效地发挥了国家力量的调控作用和对市场力量的补充作用。例如，中共中央办公厅、国务院办公厅于2005年联合出台了《关于引导和鼓励高校毕业生面向基层就业的意见》，该意见明确指出，政府需要在坚持市场导向为基础的前提下采取举措强化对大学毕业生就业促进政策的宏观调控力度，最大化发挥政策的激励作用、舆论的引导作用以及指导思想的宣传教育作用，并且将三者进行有机融合，发挥整体合力促进大学毕业生的就业创业，同时也要将解决突出问题和建立长效机制相结合，以战略性的眼光积极促进就业。之后，在2017年国务院出台的《“十三五”促进就业规划》中进一步指出要实施积极的就业政策，既要建立将就业政策和宏观经济政策进行统筹的工作机制，积极扶持并促进就业新形态发展，不断拓展就业的新维度、新空间，又要密切关注国内外就业形势的新变化，加强政策储备，提高政策的高效性和实时性，以相对充分和更高质量的就业进一步促进经济的平稳运行和发展。由此可以看出，国家在促进大学毕业生就业政策的制定和实施中非常重视宏观调控手段的灵活运用。大学毕业生的就业促进政策呈现出多元化和多样性的特点：一方面，政策主体多元化，涵盖高校、各类企业、政府部门等多个主体；另一方面，政策内容呈现出多样化的特点，不仅包含就业规划、就业创业支持政策、就业培训等基础性的促进政策，还包含就业专项资金管理、税收政策、“双创”示范基地建设等多项配套性支撑体系建设的内容。

3. 制度效用评价

迈入21世纪以来，我国的经济、政治、文化等领域一直在不断地深化改革，加快发展，尤其是教育体制的改革更是变化明显且进展迅速，而其中大学毕业生就业制度的改革明显更加趋于市场化和灵活化，以满足社会、经济等各个领域的发展对人才的多样化需求。随着改革过程中就业促进制度的市场化程度的不断提高，新形势下大学毕业生就业制度的优越性也在逐渐显现。具体表现在以下几个方面。

首先，提高了人力资源的利用率，对大学毕业生资源进行了相对合理的优化配置。这一时期大学毕业生就业促进制度主张大学毕业生自主就业以及让毕业生与用人单位之间进行双向选择，这种方式使毕业生和用人单位都有充分的自主选择权，可以很好地满足企业对人才的需求以及大学毕业生对未来职业的初步预期，也可以使高校培养出来的优秀的人力资源在市场的调控下实现高效率配置。大学毕业生和用人单位根据自己的需求进行双向选择，最大化地实现了人才的价值。

其次，增强了高等教育对市场化改革的适应性。高校对人才培养的最终目的是进一步促进社会经济的进步和发展。过去“统包统分”的大学生就业制度，仅把高校作为培养人才的工具，而忽视了高校在人才培育方面的自主性。而当前高校对人才的培养，是在国家就业促进制度指导下的自主性行为，为了促进毕业生更好地实现高质量就业，可以根据社会经济发展的现状、劳动力市场的实际需求、毕业生的就业调查和反馈等及时准确地掌握市场信息，并结合经济发展趋势以及社会发展的需要确立未来的改革方向。例如，根据实际的市场需求设置更为科学合理的课程体系，注重应用型、技术型人才的培养等，制订更加高效率、高质量的人才培养计划，以消除“统包统分”制度下的各种弊端。

最后，增强了大学毕业生的竞争意识。自主就业的方式是市场化改革的必然选择，而竞争意识是决定大学毕业生能否适应市场的主观因素。大学毕业生开始意识到，要想选择到自己满意的职业，只有通过努力学习，积极锻炼实践能力和增强创新意识，提高自身的素质，增强自己在市场中的竞争力，才能在激烈的市场竞争中崭露头角，获得成功。此外，劳动力市场的需求、岗位所需要的核心能力将会极大地影响大学生的学习兴趣和努力方向，从而使在校大学生的知识学习与社会发展的实际需求紧密结合，学以致用。

但是，在高等教育大众化背景下，由于信息技术的突飞猛进对人才质量的高要求、大学毕业生就业观念的偏差、用人单位对应届毕业生缺乏足够的重视、与就业制度相匹配的设施尚不够完善等因素的影响，以大学毕业生自主择业为主体的市场化的就业促进制度在实际运行过程中还面临着较为严峻的挑战。比如，高校对人才的培养，不管是课程体系还是就业指导理念均不同程度地存在时间上的滞后性，跟不上信息时代的发展步伐，容易在毕业生和企业进行双向选择时出现“人岗错位”的现象。而且高校对人才的培养，较为重视理论知识的学习，忽视与社会经济发展接轨的具体实践活动的开展，容易导致人才培养与社会经济发展的“脱节”；又因为就业形势的日益严峻，就业压力的不断飙升，在校大学生为了积累更为丰富的实习经验，很早便开始进入企业实习，容易耽误后期学习和毕业论文的完成，降低毕业作品的质量。另外，大学毕业生可能会受当下盛行的“利益至上”的功利观念的影响，更多地关注自我利益的实现，却忽视了国家经济发展和社会建设的实际需要，导致在一些冷门行业或者偏远地区出现人才急缺的窘况，而在热门行业和经济发展较好的地区出现人才过剩的现象等。以上都是我国大学毕业生就业制度中仍然普遍存在的现实问题，而且随着社会经济的发展，还会有更多的问题暴露出来。因此，我国大学毕业生的就业促进制度仍然需要结合社会经济的发展状况进行深入的改革和完善。

三、互联网经济对大学毕业生就业促进政策的推动作用

（一）拓展大学毕业生就业促进政策的维度

互联网经济是指以现代信息网络作为重要载体，通过对信息通信技术的有效使用，从而提升和优化经济结构的重要推动力的一系列经济活动。随着大数据、人工智能、云计算等新技术的广泛应用，我国互联网经济快速发展。互联网经济打破了传统的稳定捆绑式的雇佣关系，催生出了很多新业态，并开拓了 B2B/B2C 等新模式，吸纳了大量的大学毕业生就业。除此之外，在互联网经济的背景下，劳动者的工作时间、工作地点、工作内容、雇用期限等更加弹性化，人力资源市场的供求关系也变得更加富有弹性，择业和创业更加自主灵活。由于互联网经济发展了新业态，也催生了很多新的职业类型，如互联网平台运营、产品经理、带货主播等，因此与之相适应，大学毕业生的就业促进政策的维度也亟须进一步拓宽。针对大学毕业生的就业促进政策应该突破传统的思维进行横向拓展。就业促进政策，不仅需要包含宏观调控、就业指导、就业规划、校园招聘等方面，还应该涵盖利用大数据技术对大学毕业生群体进行个人画像，为其提供针对性的实习指导，并通过进一步的校企合作等为即将毕业的大学生提供实习机会，帮助他们积累足够的工作经验。此外，还应该考虑到初次就业的不适应和就业的稳定性问题，为大学毕业生提供就业方面的心理咨询、就业补贴及租房补贴等实际性的帮助和指导。互联网技术与互联网经济的发展推动就业促进政策的横向拓展，有利于促进大学毕业生的就业充分化。

（二）进一步推动大学毕业生就业促进政策朝精细化方向发展

针对大学毕业生的就业促进政策，除了在高校设置就业课程体系、职业生涯

规划指导、就业创业孵化基地，吸引企业进行校园招聘之外，还应该充分发挥政府的宏观调控与政策指导的作用、企业吸纳就业的作用，以及发挥社会力量为大学毕业生提供更多的就业机会，提供帮助他们实现有效就业的便利条件和弹性机制。一方面，大学毕业生的就业促进政策不仅仅涵盖传统的行业，也应该最大可能地包含新的就业形式；另一方面，应从政府、社会、企业、高校、毕业生等不同主体出发，制定有针对性的就业促进政策，考虑大学毕业生就业的实际需求，帮助其解决择业难的问题

在信息技术日新月异的现阶段，互联网经济推动形成了“互联网＋就业”的新型模式。“互联网＋就业”通过大数据精准匹配、重点推送，为求职者提供智能高效、精准对接的智慧招聘服务，有助于降低企业的招聘成本，提升大学毕业生的求职效率。具体而言，第一，在线上搭建多渠道的用人单位与大学毕业生的双向选择平台，举办线上宣讲会与招聘会，通过政府相关部门、校园和企业的官方网站、微博、微信等公众平台及时发布招聘信息，通过更广范围的宣传，多渠道服务求职者和用人单位。第二，倡导企业和高校利用大数据技术对大学毕业生和用人单位进行精准匹配，缩短寻找期限，降低沉没成本，提高就业效率。第三，对互联网招聘网站和平台进行规范化的运营管理，通过相关的指标进行测度，对不合格的企业进行及时删减，降低大学毕业生就业上当受骗的潜在风险。

（三）推动大学毕业生就业促进政策与时俱进

互联网经济的发展，对人才的质量提出了更高的要求。目前互联网平台经济成为生产力新的组织方式，每一个在互联网平台上被辛苦培育孵化出来的创新项目，都在与传统行业的联系和融合中迸发出强大的生命力，从而在促进就业上形成“滚雪球”效应。但是互联网平台经济需要的是行业内的高精尖人才，对各种技能要求较高，同时也要求人才具备一定的综合能力，达到人才利用成本效益最大化的目的。因此，大学毕业生的就业促进政策不能故步自封，只停留在表面，需要与时俱进，根据就业市场的需求进行深层次的完善发展，其中对大学生应用型技能的培养显得颇为重要。一方面，高校在对大学生进行培养时，要重视与互联网经济的衔接，更新对应的培养模式和指导课程，提升人才的质量和综合技能；另一方面，在制定就业促进政策时，相关部门应该具备前瞻性，从源头出发对就

业促进政策进行事实性与实时性评估，并且对教育资源进行合理分配，重视对人才的高质量培养。在就业促进政策的落实过程中，要充分利用先进的技术性手段进行政策的评估和反馈，以促进大学毕业生就业促进政策的不断完善，形成与时俱进的闭环，提高大学毕业生就业促进政策的有效性。此外，针对大学毕业生群体的与时俱进的就业促进政策，应该给予就业创业足够的重视，响应国家“大众创业、万众创新”的号召，积极鼓励大学毕业生结合自身的实际情况进行创业方面的摸索，不仅实现自我就业，还有效带动就业，而政府、社会可以在资金、税收、政策方面提供全方位的指导和帮助。倡导重视创新创业的原因在于，互联网技术的日新月异和迅猛发展，不但扩充了原有的消费市场，激发了更为活跃的创新动力，还进一步构建了更为完善的交易平台和更加透明的交易机制。在推动创业的角度上，将创业进行模块化和工具化，尽可能地降低创新创业的门槛，提高创新创业的效率和成功率，这些对于发展创业型就业和激发广大大学毕业生的创业积极性均大有裨益。

第二节 互联网经济与大学毕业生就业的现状

一、互联网经济发展现状

（一）电子商务发展现状

近年来，我国的电子商务快速发展，成为互联网经济发展必不可少的重要部分。我国电子商务的发展现状主要表现在以下三个方面。

1. 电子商务交易额增长迅速

《中国电子商务报告（2022）》中指出，2019年全国电子商务交易额达34.81万亿元，比上年增长6.7%，其中网络零售额达10.63万亿元。而2022年全国电子商务交易额达43.83万亿元，同比增长3.5%，网络零售额达13.79万亿元。电子商务市场规模增速虽有所放缓，但总体发展势头依然强劲。电子商务的快速发展意味着人们的消费水平快速提高，从而极大地促进了经济发展，直接或间接地提供了更多的就业机会。

2. 电子商务的发展推动了三大产业转型升级

首先，电子商务的发展推动了农业的转型升级。主要表现在利用线下和电子商务的线上平台销售农产品，一方面这种新型的销售模式有利于农产品的销量增长，另一方面利用大数据平台将消费者需求反馈给农业生产者，指导农业生产，从而实现农业的精准化、标准化、商品化等，有利于提升农产品的价值。其次，电子商务的发展推动了工业的转型升级。主要表现在电子商务平台的出现有利于企业获得更多的市场资源，重新塑造从生产到销售的全产业链，从而降低生产成本。另外，有利于推动供需两侧结构性改革，实现对企业上下游资源的整合，促进企业发展。最后，电子商务的发展推动了服务业的转型升级。主要表现在电子商务不仅通过数字化创新推动了传统零售业的发展，而且线上线下相结合的方式促进了实体零售“商品 + 服务”等新模式的发展，利用电子商务平台实现了商品和服务的精准推送，并且通过线上数据分析改进产品和服务，推动了服务业的转型升级。

3. 东中西部的电子商务发展不平衡

从地区情况看，东、中、西和东北地区网络零售额占全国比重分别为 83.92%、8.87%、5.73% 和 1.48%，同比增速分别为 3.8%、8.7%、3.0% 和 13.2%。从专业区域分布来看，电子商务类专业在东部地区院校相对集中。近些年来，河南、江西等中部省份院校开设专业数量逐步增长，西部地区的发展也比较快速。随着跨境电商产业的迅猛发展，跨境电商专业的发展迅速且分布广泛，特别是在沿海、沿边地区院校发展较快。① 由以上可见，东部电子商务交易额仍占最大比重，同时东北地区交易额增速最快。这与电子商务专业在东部的集中开设有紧密联系，其他地区的电子商务专业开设与东部仍有一定差距。”

改为“中国互联网络信息中心（CNNIC）发布第 52 次《中国互联网络发展状况统计报告》（以下简称《报告》）。《报告》显示，截至 2023 年 6 月，我国网民规模达 10.79 亿人，较 2022 年 12 月增长 1109 万人，互联网普及率达 76.4%。我国手机网民规模达 10.76 亿人，较 2022 年 12 月增长 1109 万人，网民使用手机上网的比例为 99.8%。我国网络支付用户规模达 9.43 亿人，较 2022 年 12 月

① 中华人民共和国商务部 电子商务和信息化司 . 中国电子商务报告（2022）[EB/OL]. [2023-06-09]. http://dzsws.mofcom.gov.cn/article/ztxx/ndbg/202306/20230603415404.shtml

增长 3176 万人，占网民整体的 87.5%。这些都为电子商务的进一步发展提供了条件，从而更加剧了区域之间的不平衡。这种不平衡的特征对大学毕业生就业提出更大的挑战。

（二）互联网金融发展现状

随着互联网技术的不断发展，金融领域对于互联网技术的应用越来越成熟，新的“互联网＋金融”模式成为促进互联网经济发展的重要因素。我国当前的互联网金融发展主要表现在以下两个方面：

1．互联网金融发展规模迅速扩张

中国互联网络信息中心（CNNIC）发布第 52 次《中国互联网络发展状况统计报告》（以下简称《报告》）。《报告》显示，截至 2023 年 6 月，我国网民规模达 10.79 亿人，较 2022 年 12 月增长 1109 万人，互联网普及率达 76.4%。我国手机网民规模达 10.76 亿人，较 2022 年 12 月增长 1109 万人，网民使用手机上网的比例为 99.8%。我国网络支付用户规模达 9.43 亿人，较 2022 年 12 月增长 3176 万人，占网民整体的 87.5%。在很大程度上说明互联网金融规模的扩张迅速，为互联网经济的发展贡献了极大的市场份额。[①] 互联网金融行业的快速发展有利于促进整体社会经济的发展，从而创造更多的就业岗位。

2．互联网金融发展模式多样化

传统金融行业的发展也随着大数据、人工智能等互联网技术的发展而进入了快车道，且经营模式不再局限于单一化，而是呈现出多样化发展的局面。但是当前学术界关于国内互联网金融模式的分类还未达成共识，部分学者将互联网金融划分为互联网借贷、第三方支付、投资理财、网络众筹等模式，还有的学者将互联网金融划分为第三方支付、P2P、互联网小贷、众筹、大数据服务等模式。本书对以下三种主要模式做简单介绍：第一种是第三方支付模式，作为当前互联网金融中发展势头最强劲的经营模式之一，它主要是把互联网作为一种平台，为客户提供资金转移的便利，其中最为人熟知的就是支付宝、微信支付等；第二种是众筹融资模式，它是一种新型的融资模式，创意人因为缺乏资金支持通过众筹平台发布项目信息公开募集资金，从而通过平台获得众筹融资出资者的投资，并通

① 根据中国互联网络信息中心（CNNIC）第 52 次《中国互联网络发展状况统计报告》整理。

过股权或利润、产品或服务的方式承诺给出资者相应的收益；第三种是P2P网络借贷模式，是由P2P公司搭建金融交易平台，将对借款人的项目和资质等的评估报告发布在平台上，从而实现出资人和借款人之间一种个人对个人的直接小额的新型借贷模式。

（三）即时通信发展现状

即时通信（IM），是指通过互联网平台实时发送和接收消息的一种互联网经济模式，因其成本低、效率高的优势近几年来得到快速发展和应用。即时通信发展现状如下。

1. 用户规模快速增长

截至2023年6月，我国即时通信用户规模达10.47亿人，较2022年12月增长886万人，占网民整体的97.1%，也就是说几乎所有使用互联网的用户都会使用即时通信。即时通信已经成为推动互联网经济发展的重要部分。即时通信的发展需要更多的高素质人才的支持，这也就为大学毕业生提供了更多的就业机会，但是较高的就业门槛要求大学毕业生必须提高自身的能力，实现供需匹配的就业。

2. 即时通信的应用范围得到拓展

即时通信的应用范围得到拓展，不再仅限于沟通用途，而是逐渐向着服务用途拓展，其服务主体可以分为个人用户和企业用户。其一，在个人用户方面，即时通信已经成为用户数字化生活的基础平台。即时通信对于个人用户的服务主要面向开发端、应用端和用户端：一是为开发端的个人用户提供开发工具，从而使开发者直接进行业务开发，实现开发者服务的目的；二是应用端的即时通信生态系统得以拓展，更多的服务被纳入进来；三是即时通信平台通过对用户端的小程序功能的开发和完善，使得用户端的个人用户能够更加方便快捷地使用和反馈，从而扩大即时通信的用户规模。其二，在企业用户方面，即时通信应用开始成为企业信息化转型的得力助手。一是将即时通信应用于企业日常运营管理，主要是运用人工智能和大数据等技术对线下零售的商品库存、人员调配和顾客信息进行管理；二是通过即时通信实现数据信息互通共享，如通过数据信息展示为大学毕业生提供明确的就业岗位，实现供需匹配；三是即时通信为团队远程协同办公提供了方便，有利于组织的高效运转，为推动企业复工复产提供了有力支撑。

（四）搜索引擎发展现状

搜索引擎是一种信息服务系统，用户通过对互联网中需要的信息进行搜索、组织和处理，能够有效提高用户获取信息的能力。搜索引擎发展现状如下。

1. 用户规模快速增长

截至 2023 年 6 月，我国搜索引擎用户规模达 8.41 亿人，较 2022 年 12 月增长 3963 万人，占网民整体的 78.0%。[①] 由于智能手机的普及化，手机搜索引擎的用户规模也呈现增长趋势。手机搜索引擎的用户规模扩张程度大于搜索引擎的用户规模扩张程度的原因除了智能手机的普及化外，还有一部分原因是手机搜索引擎的智能化和便捷化。大学毕业生应了解和掌握搜索引擎的使用方法，充分获取有用信息，从而获得更多的就业机会。

2. 搜索引擎的发展呈现智能化、个性化和功能多样化

其一，智能化是指利用人工智能技术推动产品创新和服务质量提升。产品的创新主要是通过人工智能将搜索引擎中查询到的碎片化信息整合为知识体系，将其作为一种更为完善的产品提供给用户。而通过人工智能提升服务质量是指通过人工智能实现与用户的交互，分析用户需求，为用户提供更智能的服务。其二，个性化主要是指搜索引擎平台内容和用户服务的个性化。其核心就是利用大数据对用户在搜索引擎平台上既往的搜索行为进行分析，从而为用户提供个性化的内容和服务，这可以称作搜索引擎的供给侧结构性改革，这种改革可以满足用户的个性化需求，达到供需匹配。其三，功能多样化表现为用户检索结果呈现方式的多样化和服务范畴的拓展。检索结果的呈现方式不再仅限于文本，还可以通过声音甚至视频等方式传达。服务范畴的拓展主要是指由单纯的检索工具向生活服务、购物和旅游服务等多样化的服务转变，以满足用户多样化的需求。搜索引擎的智能化、个性化和功能多样化可以为大学毕业生提供更好的就业指导和就业环境。

（五）网络游戏发展现状

网络游戏，顾名思义，就是人们在互联网上进行的一种娱乐活动。近年来，由于网络游戏产生了很多的负面影响，人们对其产生了带有偏见的认知，实际上，

① 根据中国互联网络信息中心（CNNIC）第 52 次《中国互联网络发展状况统计报告》整理。

近几年来网络游戏的产业链已趋成熟，为互联网经济的发展带来了积极的促进作用。网络游戏的发展现状如下。

1. 用户规模迅速扩大

截至2023年6月，我国网络游戏用户规模达5.50亿人，较2022年12月增长2806万人，占网民整体的51.0%。[①] 由于智能手机的普及化，手机网络游戏的用户规模呈现更快的增长趋势。手机网络游戏用户的增长速度远远超过网络游戏用户的增长速度，主要原因是手机网络游戏不断被完善，其便捷性受到用户的欢迎。

2. 网络游戏产业发展已经趋于成熟和完善

近年来，国内网络游戏市场增速较前几年有放缓迹象，国内市场竞争日益激烈，而在海外市场却不断取得突破，使得越来越多的中国网络游戏企业开始重视海外市场，开辟了国内网络游戏企业增长的新空间。

随着全球游戏用户规模的持续扩大和中国元素的逐步推广，加之类似苹果商店等全球化平台的搭建，降低了中国游戏企业走向海外市场的门槛，而作为出版产品出口新锐力量，游戏产业在中国"出版走出去"的进程中，因其创新和开拓也受到政府等各方重视和支持，中国自主研发网络游戏未来的海外市场将会继续保持可持续的增长。网络游戏的开发离不开高精尖人才，职业网络游戏玩家一般也需要良好的教育水平，这些都为大学毕业生就业提供了更多的岗位。

二、大学毕业生就业现状

随着社会的发展和国家政策的支持，越来越多的人有机会接受更高水平的教育。近些年来，高校扩招产生的一个后果就是大学毕业生的数量逐年增长，使大学毕业生面临巨大的就业压力，在这样的背景下研究大学毕业生面临的就业现状是解决"毕业即失业"现状的必要前提。大学毕业生的就业现状主要表现在以下几个方面。

（一）供需总量矛盾突出

我国的高校扩招政策开始于1999年，当年的大学毕业生人数仅为84.76万

① 根据中国互联网络信息中心（CNNIC）第52次《中国互联网络发展状况统计报告》整理。

人，在这之后大学毕业生的数量呈现快速增长的趋势，到 2023 年已增长到 1158 万人，增长了数倍，并且还在保持上涨的趋势。虽然近几年增长趋势有所放缓，但是庞大的供给数量使得大学毕业生的就业压力仍然存在。改革开放以来，经济的快速增长带来了很多的就业岗位，但是社会对大学毕业生的需求已相对稳定，庞大的大学毕业生数量使得就业岗位的供给远远大于需求，导致供需总量矛盾日益突出。在这种背景下，大学毕业生不仅要与同届大体量的毕业生竞争，还要与其他的就业人群共同参与岗位竞争，导致毕业生的就业形势严峻。

（二）专业供需不平衡

随着社会的发展，很多大学毕业生的就业观念悄然发生改变。很多体能技术劳动类的工作由于缺乏宣传导致人们对其认知不足，许多大学毕业生宁愿从事低薪工作，也不愿意投身到体能技术劳动类的工作中，这种情况导致结构性矛盾越发突出。由于新经济行业的薪资待遇较高且工作相对轻松，大学生在选择专业方向时，会更多倾向于会计、审计、税务、律师、法务等发展空间较好的行业，而工科类尤其是我国经济发展急需的模具设计与制造、机电一体化技术、汽车整形技术等专业大学毕业生人数较少。热门专业人才过剩，导致大学毕业生面临行业内的巨大竞争压力。另外，部分高校对于专业的设置较为单一，也是导致大学毕业生就业领域窄的原因。部分高校的大学毕业生只有少量专业课程可以选择，这也在一定程度上限制了大学毕业生就业的发展方向，这些都是导致专业供需不平衡的重要原因。

（三）学历层次供需不平衡

随着经济的发展和高等教育的普及程度越来越高，与经济发展水平相适应的岗位所需的学历层次也在逐渐发生改变，很多岗位要求具有理科背景的博士甚至博士后作为其企业管理人员储备，还有很多基础性岗位专科毕业生就能胜任，这就导致本科和硕士毕业生的供给远大于需求，就业压力剧增，而专科和博士毕业生却供不应求。现阶段，高校扩招增加了本科和硕士的比例，导致本科和硕士毕业生的供需结构性矛盾更加突出，而很多岗位亟须的高层次人才和具备专业技术的人才还相对匮乏。

（四）区域之间供需不平衡

毕业生的结构性矛盾突出还表现在区域之间供需不平衡，这种区域之间的不平衡不仅表现在东西部的不平衡，还表现在城乡之间的不平衡。从毕业生的就业意愿调查中可以发现，毕业生更愿意选择目前就业市场已处于饱和的东部地区，尤其是经济发达的一线、新一线或者沿海城市，不仅是因为东部地区的岗位具备优越的就业条件和就业前景，还有一个更重要的原因是“就近”心理。东部地区高校较多，这些毕业生在高校毕业后，其人脉等资源往往积累在高校所在地，导致大部分毕业生在东部地区竞争有限的岗位，造成毕业生在东部地区更大的就业压力。相较而言，西部地区和农村地区的经济落后，并且其高校建设也存在不足，所以这些地区毕业生的就业压力相对较小，但这也导致这些地区的高素质人才短缺，其经济建设速度更加落后于东部地区。这种“有人没地方去，有地方没人去”的现状对于东西部地区、城乡之间的区域均衡发展是不利的。

（五）就业能力与岗位需求不匹配

我国毕业生在校期间的培养更重视理论培养，并通过考试的方式进行考核，这种僵化的考核方式导致毕业生甚至对于理论知识的掌握也并不完全，再加上学校忽视了对学生实践能力的培养，导致毕业生的就业能力与岗位需求并不匹配。就业能力不足与明显的就业期望偏高的矛盾会导致毕业生短时间内难以找到满意度较高的工作，面临严重的竞争压力，很多毕业生会优先选择就业再择业。这种现象在很多重点院校存在的比率较低，可能的原因是相较于普通院校而言，重点院校的毕业生在就业方面能力更强、选择的机会更多。先就业再择业的方式不仅对用人单位产生不利影响，也会造成毕业生自身人力资源的浪费，造成就业难的问题。

第三节 互联网经济与大学毕业生就业面临的挑战

一、政府

（一）相关的支持政策不足

随着我国互联网经济的快速发展，其对于大学毕业生就业的影响越来越大，所以为了发挥互联网经济对于大学毕业生就业的积极作用，政府需要采取相关的支持政策。虽然我国政府意识到了支持政策的重要性，并制定了相关的支持政策，但是已有的支持政策缺乏一定的全面性、规范性及针对性。主要表现在以下几个方面。

1．对互联网基础设施建设的支持呈现不平衡的特性

要发挥互联网经济对大学毕业生就业的积极作用，需要加大对互联网基础设施建设的支持力度。我国的大学毕业生就业不平衡的一个重要原因就是政府对互联网基础设施建设的支持政策呈现不平衡的特征。一是支持政策呈现区域之间不平衡特征，表现为相关支持政策主要集中在东部地区和城市，西部地区和农村的相关支持政策则不足；二是支持政策呈现高校之间不平衡特征，表现在相关支持政策主要集中在重点高校，而非重点高校的相关支持政策不足。区域之间和高校之间互联网基础设施建设的支持力度不同，就无法实现互联网经济发展为全体大学生共享，难以有效发挥互联网经济对大学毕业生就业的推动作用。

2．对互联网教育的投入力度不足

当前我国互联网经济虽然呈现快速发展的趋势，但是我国的互联网教育发展还不完善，政府对于互联网教育的投入力度不足。这主要表现在两个方面：一方面，针对高校的大学生，政府为了实现在互联网经济背景下大学毕业生更好地就业，制定了有关“互联网+”的就业支持政策，但这些政策只是一些政策建议，并未形成正式的法律规定。没有正式的法律规定，政策就无法有效落实，导致互联网教育和高校教育无法很好地衔接；即使规范地执行了这些政策建议，对大学生具体的就业问题并未给予具体的解决方案，也无法将互联网教育转化为就业所

需的能力。所以政府对高校互联网教育的投入力度不足会直接影响大学毕业生的就业，使其无法享受互联网经济的发展成果。另一方面，对于青少年来说，在互联网经济背景下进行互联网教育对于培养其互联网思维模式是必不可少的。但是，政府对互联网基础设施建设投入不均导致了区域之间和城乡之间的互联网教育存在差距；缺乏鼓励政策导致经济落后地区的互联网教学人才不足，这极大地影响了互联网教育的公平性。要改变这种局面就需要加大政策支持力度，促进互联网教育公平发展。

（二）对就业环境的关注亟待提高

互联网经济发展为大学毕业生带来机遇的同时，也带来了很多的挑战。一方面，互联网经济的发展推动了产业转型升级，在提高劳动就业吸纳能力的同时，对一些低技能劳动者的就业产生了影响；另一方面，互联网经济的发展使就业关系更加灵活的同时，对传统的就业关系产生了冲击，很多就业者的就业权益得不到保障。所以在促进互联网经济发展的同时需要关注大学毕业生的就业环境，提高大学毕业生的就业质量。

1. 就业渠道是影响大学毕业生就业环境的一个重要因素

当前政府对互联网基础设施建设和利用不足，导致就业渠道受限。要提高大学毕业生的就业质量，第一步就需要拓宽大学毕业生的就业渠道，增加大学毕业生的就业机会。但是目前对于互联网基础设施的建设和利用不足，仅利用互联网开展一些相关的创业大赛，这些大赛成果由于实际可操作性比较低，导致无法实现大学毕业生的创业目的，因此并未起到拓展就业渠道的作用，大学毕业生的就业率就无法得到提高。

2. 就业模式是影响大学毕业生就业环境的另外一个重要因素

政府未将互联网与就业有机结合，导致就业还停留在传统模式上。大学毕业生自身就业能力各不相同，不同学历层次的大学生对于互联网需求的差异较大，政府如果不能充分利用互联网资源创新就业模式，将其与不同层次大学生的就业有机结合，就无法改善大学毕业生的就业环境，满足不同层次大学生的就业需求。改善传统的就业模式，针对不同学历层次实行具有针对性的“互联网＋就业”模式，才能满足不同层次大学生的就业需求。

3. 就业监管是影响大学毕业生就业环境的又一重要因素

随着互联网经济的发展，传统的就业模式和就业关系受到冲击，政府的就业监管对改善大学毕业生的就业环境至关重要。越来越多的大学生利用互联网进行择业和就业。对于利用互联网进行择业的大学毕业生来说，有效的招聘信息能够使其找到更合适的工作。但是由于互联网监管存在漏洞，互联网中的真假招聘信息并存，大学毕业生无法对这些信息进行真伪辨别，这就在无形之中增加了大学毕业生的择业难度。对于利用互联网进行就业的大学毕业生来说，完善的社会保障制度是实现其新兴就业模式的必要保证。新兴就业模式的出现，使大学毕业生就业不必再受时间和空间的限制。但是当前我国关于大学毕业生社会保障方面的监管体制仍不健全，对于互联网经济背景下针对大学毕业生就业的相关法律也不完善，导致很多大学毕业生的就业权益得不到保障，新的就业模式无法得到有效推广，影响了大学毕业生就业环境的改善。

（三）未充分发挥互联网经济的扶贫作用

互联网经济的发展促进了经济发展，提高了经济运行效率，但是对于社会公平的重要性没有得到充分发挥。

一方面，针对西部地区和农村地区的互联网经济扶贫作用未得到重视。互联网基础设施建设在区域之间和城乡之间的不平衡性会加剧贫富差距，导致社会不公平性提高，而利用互联网经济的扶贫作用，能够有效改善贫富差距，实现社会公平。但是互联网经济的扶贫作用并未得到充分发挥，导致西部地区和农村地区的经济发展缓慢，无法吸引大学毕业生来此就业，也无法缓解东部地区和城市地区就业压力大的局面，无法实现均衡就业。

另一方面，针对大学毕业生的互联网经济扶贫作用未得到重视。贫困大学毕业生的家庭资本相对而言比较薄弱，要改善这种局面就需要发挥互联网经济的扶贫作用。但是当前对于互联网的宣传不足，很多贫困大学生因为家庭资本限制对互联网缺乏了解，也就无法发挥互联网对其就业的积极作用。另外，政府并未制定相关政策，以发挥互联网经济的扶贫作用，导致很多贫困大学毕业生即使了解互联网给其就业带来的积极影响，也没有条件使用互联网资源，无法实现更高水平的就业。

二、高校

（一）互联网教育和培训的意识不足

在互联网经济发展的背景下，互联网思维成为影响高校就业指导工作开展的重要因素。从当前高校的实践情况来看，很多高校的互联网教育和培训意识不足，这对于高校就业指导工作产生了很大的负面影响，直接影响了大学毕业生的就业。具体来说，高校的领导者是高校发展方向和政策的把握者，所以领导者自身的发展理念会影响高校就业指导工作的运行情况。当前部分高校领导者自身缺乏互联网思维，对互联网的理解有限，无法把握互联网的优势，因此在依托互联网进行高校就业指导工作过程中的投入力度较小，导致利用互联网进行高校就业指导工作难以进行。

互联网教育和培训的意识不足还表现为很多高校还未开设与互联网经济发展相关的专业，导致就业的需求和匹配不相适应，一方面缺乏相关专业人才，另一方面其他专业的人才供远大于求。高校在开展互联网教育和培训的过程中，应该针对不同层次大学毕业生的实际情况开展，所以专业的教师是至关重要的。但是目前很多高校缺乏具备互联网思维的教师，很多教师即使具备专业的互联网知识也缺乏实践经验，导致很多高校在开展互联网教育和培训过程中采用课堂教学的模式，并未根据学生的需求进行互联网实践能力培训，造成大学毕业生互联网平台实际操作能力不足，直接影响就业。

（二）“互联网 + 大学生就业”平台的建设不足

随着互联网经济的发展，利用互联网建设“互联网 + 大学生就业”平台是增加大学毕业生的就业机会和提升就业质量的重要措施。但是当前很多高校并未意识到建设这一平台的重要性，导致“互联网 + 大学生就业”平台建设不足，影响了大学毕业生的就业。“互联网 + 大学生就业”平台的建设不足主要表现在以下两个方面。

1.“互联网 + 大学生就业”平台建设的硬件不足

不同层次的大学毕业生在就业指导方面的需求各不相同，高校需要针对不同层次大学毕业生的就业能力和需求进行就业指导。“互联网 + 大学生就业”的硬件建设不足主要是指部分高校的互联网基础设施建设还不完善，这种硬件建设不足会直接导致高校的就业指导工作受到限制，从而影响大学毕业生的就业。要解决硬件建设不足的问题，需要政府和高校加大互联网基础设施建设的投入力度。硬件建设不足的另一个表现是很多高校的指导场地很小，甚至没有专门的指导场地，这也会对就业指导产生影响，要消除这种影响就需要高校提供指导场地的支持。面对企业不断变化的招聘要求，只有硬件过硬才能进行更为有效的就业指导，所以要加强“互联网 + 大学生就业”平台的硬件建设。有部分高校建立了微信、微博等平台，但是对其功能开发并不完全，大学毕业生无法有效地进行就业信息检索。

2.“互联网 + 大学生就业”平台建设的人才不足

部分高校没有意识到“互联网 + 大学生就业”平台建设对于大学毕业生就业具有重要意义，所以并未着手建设“互联网 + 大学生就业”平台，还有部分高校虽然意识到这一平台建设对于大学毕业生会产生影响，但并未意识到其重要性，所以并未引进专门的就业指导人才进行平台建设。部分高校只是利用现有的行政人员管理平台建设工作，这些人员很多并不具备专业的互联网知识，无法掌握互联网经济背景下大学毕业生就业模式的发展状况，思想观念也较为僵化，仍然采用传统的方式建设平台，导致大学毕业生无法准确有效地搜集就业信息，也就无法充分发挥互联网对大学毕业生就业的促进作用。

（三）“互联网 + 大学生就业”平台的利用不足

随着互联网经济的发展，大学毕业生的就业环境发生了很大的变化，再加上互联网的普及，利用互联网进行就业指导对于提高大学毕业生的就业质量具有重要意义，因此很多高校搭建了“互联网 + 大学生就业”平台，却由于缺乏互联网思维导致对这一平台的利用不足。

1. 高校就业指导者对“互联网 + 大学生就业”平台的使用能力不足

很多高校的就业指导工作者由于缺乏互联网思维，平台建设本身的质量较低，再加上并不重视互联网对大学毕业生就业的积极作用，导致在就业信息的搜集、整理和发布过程中往往忽略了互联网的重要性，无法将互联网经济发展与大学毕业生就业相结合。另外，由于互联网环境的复杂性，很多企业或招聘网站提供的就业信息真假不一，缺乏专门知识的就业指导者无法分辨和掌握这些就业信息，大学毕业生就无法很好地利用有效信息，极大浪费了就业信息资源，很多大学毕业生由于接受不到科学的就业指导，往往将高薪作为衡量就业信息的标准，忽略了就业信息的真实性，损害了自身的利益，也对平台建设产生了不利影响。

2. 高校就业指导者对“互联网 + 大学生就业”平台的定位不准确

互联网的一个重要特点就是各个主体共同参与，就业指导需要政府、企业、高校就业指导者和大学毕业生的共同参与，其中“互联网 + 大学生就业”平台是企业与大学毕业生之间进行沟通的重要桥梁，而不是大学毕业生就业的唯一渠道。当前的状况是部分高校将平台作为大学毕业生就业的主体，企业将招聘信息传递给高校，再经由高校就业指导者通过“互联网 + 大学生就业”平台传递给学生，这种传递方式不仅使招聘信息延时，还可能导致部分招聘信息失真，企业和学生无法实现有效的沟通。延时和失真导致大学毕业生获取的有效的就业信息较少，长此以往平台的就业功能就会逐渐弱化，很多大学毕业生无法在平台上获取有效信息，增加了就业的时间成本。要解决这种困境，就需要改变平台的主体地位，将其作为沟通渠道，企业和大学毕业生可以依托“互联网 + 大学生就业”平台，通过远程视频面试等方式实现快速沟通。而就业指导者除了是平台的使用者和管理者外，更应该通过互联网为大学毕业生提供更具针对性的就业指导。

三、企业

（一）“互联网 + 大学生就业”平台的建设不足

随着互联网经济的发展，企业领导者的互联网思维成为影响“互联网 + 大学生就业”平台建设的重要因素，但是很多企业领导者由于缺乏互联网思维导致企业的平台建设不足。当前互联网就业平台大多是由第三方网站提供，作为企业与高校的沟通途径。对于大多数企业来说，通过网站与大学毕业生进行沟通，缺乏直接的沟通途径；而对于大学毕业生来说通过网站了解企业的实际情况，可能会产生偏差。这种方式也无法使校企形成长久合作，不利于“互联网 + 大学生就业”平台的建设。企业通过与高校合作建立自己的信息网站，就可以实时发布就业信息，实现双方的直接沟通；企业平台对学生活动提供赞助，可以吸引人才和扩大企业知名度；企业通过平台发布实践学习计划，可以在提高大学生就业实践能力的同时，为自身储备优质的人力资源，实现企业的快速发展。

然而，很多企业领导者并未给予平台建设足够的重视，导致平台建设缺乏资金和人才支持，很多实质性的就业问题无法得到解决。当前很多企业并未建立校企合作的“互联网＋大学生就业”平台，即使建立了平台，受传统招聘观念的影响，平台也仅限于发布消息，并未采取相应的行动，很难达到预期的招聘目标。平台招聘的效果不佳，使得企业认为平台招聘浪费资源，从而越发不重视平台招聘工作，这种恶性循环会使很多企业的平台建设流于形式，不仅浪费了企业资源，还错失了人才招聘的良好平台。

（二）“互联网＋大学生就业”平台的利用不足

互联网经济的发展为企业发展带来机遇的同时也带来了很多的挑战。很多企业能够意识到互联网对大学毕业生就业的重要性，以互联网为依托建立了“互联网＋大学生就业”平台，但是对这一平台利用不足，主要表现在以下几个方面。

1.对现有的企业官方网站平台利用不足

官方网站作为企业对外宣传的门户，是向大学毕业生展示其企业及其文化的重要路径，但是目前很多企业并未意识到官方网站对于人才招聘的重要意义。很多企业的官方网站仅包括公司概况、历史发展等内容，有关招聘信息的内容很少能够在官方网站上看到，即使有部分企业展示招聘信息，但其时效性也会大打折扣，因为很多企业最新的招聘信息往往是在较为权威的第三方网站发布。企业对官方网站的利用不足导致大学毕业生无法从官方网站处获得自身所需的就业信息，例如职位胜任要求、职位发展前景和现有员工对企业的评价等，在这种情况下大学毕业生无法将自身与招聘职位的匹配度进行评价，很容易造成盲目就业，这样不仅造成企业人才招聘不足，也会造成大学毕业生本身人力资源的浪费。

2.依托互联网平台进行招聘的普及程度不足

依托互联网平台进行招聘具备传统招聘方式无法比拟的优势，主要表现在以下几个方面：一是利用互联网的覆盖广度传递招聘信息，为企业挑选合适人才的同时为大学毕业生提供了一条更便捷的求职路径；二是具备成本优势，相较于传统招聘方式，依托互联网平台进行招聘为企业节省了招聘成本，同时也为大学毕业生节省了求职成本；三是方便快捷，企业和大学毕业生都打破了时间和空间限制，二者随时可以进行双向选择，提高了招聘和求职的有效性。但是当前很多企业并未意识到依托互联网进行招聘的优势，只是简单地在招聘网站发布招聘信息，缺少交互性和后续的服务。很多大型企业的人才招聘还是依靠线下的招聘会，通过每年毕业季各大高校招聘会的招聘盛况就可见一斑。但是这种线下的招聘会不仅增加了企业的招聘成本，也无形中增加了大学毕业生的人力、财力和时间成本，导致很多大学毕业生求职期间的经济压力过大，对其择业产生了一定的影响。

3. 网络投递简历反馈速度慢

企业利用互联网进行招聘时，网络简历投递是利用互联网进行招聘的重要方式，快速地对网络投递做出反馈有利于提高企业和就业者之间的交互性，使双方能够做出更合适的选择。但在现实中很多企业的网络投递简历反馈速度很慢，这是“互联网＋大学生就业”平台利用不足的一个重要表现。企业对依托互联网进行招聘的重视程度不足，导致提供后续服务的专业工作人员较少。但是每天都有很多的大学毕业生投递简历，在这种情况下再加上简历内容中有很多信息需要甄别，就增加了简历筛选和企业寻找与职位相匹配的求职者的难度，从而导致企业对简历投递的反馈时间较长。对利用互联网进行求职的大学毕业生来说，在去企业面试之前很多大学毕业生往往处于被动的等待状态，如果企业的反馈时间较长会使他们失去信心，错失合适的就业机会。另外，有些企业的招聘信息更新速度较慢，大学毕业生在投递简历之后往往被告知已经招聘到合适的人员，并且反馈的速度比较慢，这样就增加了大学毕业生求职的时间成本，给大学毕业生的求职之路带来了很大的困扰。

（三）未建立合适的薪酬体系

互联网经济的发展为社会经济生活的发展注入了新的动力，推动了产业结构的转型升级，形成了以互联网为依托的新的商业模式和消费模式，这些新的商业模式和消费模式对传统的就业关系产生了强大的冲击。主要表现为：由于即时通信和搜索引擎的快速发展，新的就业模式出现，兼职就业和零工就业成为大学毕业生就业新潮流。在这样的背景下，对大学毕业生而言，企业的薪酬体系成为影响大学毕业生选择就业模式的重要因素，对大学毕业生的就业质量有着重要影响。

这种更加灵活的就业方式打破了大学毕业生就业的时间和空间限制，降低了就业门槛，增加了就业机会，但是传统就业关系带给就业者的稳定性被破坏，在这种情况下就需要企业建立以互联网为依托的与新的就业模式相适应的科学的薪酬体系，为大学毕业生提供相对稳定的就业关系和薪酬。

四、个人

（一）对互联网利用不足

互联网经济的发展拓宽了大学毕业生利用互联网的渠道，大学毕业生不仅可以通过互联网进行求职，通过互联网进行社交以提升人力资本，还可以以互联网经济的发展为助力，响应政策号召进行创业。但是当前很多大学生并未意识到互联网发展为其就业带来的便利和优势，导致对互联网的利用不足，主要体现在以下几个方面。

1. 求职中未充分发挥互联网的作用

这主要表现在以下两个方面：一是参与互联网招聘的大学毕业生占比较小。以互联网为依托的招聘和求职可以为企业和大学毕业生带来很多的便利，但是很多大学毕业生未充分利用互联网求职。主要原因有以下两点：一方面，受传统就业观念的影响，很多大学毕业生认为线下招聘更能提高其对企业招聘职位的了解程度，所以宁可花费巨大的人力、财力和时间成本参与线下招聘，也不愿意参与互联网招聘；另一方面，互联网招聘的前提是大学毕业生通过互联网投递简历，但由于各种原因导致的企业对简历的反馈速度较慢会影响大学毕业生选择求职的方式，这些都是大学毕业生参与互联网招聘占比较小的重要原因。二是选择新的就业模式的大学毕业生占比较小。互联网经济的发展带来新的“互联网＋就业”模式，但是新的就业模式相较传统的就业方式而言稳定性较差，所以很多追求稳定的大学毕业生不会接受这种新的就业模式，也就导致了互联网利用不足。

2. 未能发挥互联网作为社交载体提升人力资本的功能

人力资本是影响大学毕业生就业的重要因素，所以提升自身的人力资本对大学毕业生尤其是贫困大学毕业生的就业尤为重要。在求职过程中所需的人力、财力和时间等成本都需要家庭资本来支撑，而贫困大学毕业生的家庭资本相对较为薄弱，人力资本作为家庭资本的补充可以为大学毕业生尤其是贫困大学毕业生提供支持，弥补家庭资本的不足。大学毕业生可以通过互联网进行社交以积攒自身的人力资本，但是当前很多大学生并未充分使用互联网的这种功能，导致大学毕业生在求职过程中不能合理利用人力资本的作用，无形之中减少了大学毕业生的就业机会

3. 未发挥互联网对创业的积极作用

创业作为大学毕业生就业的一条重要路径，对于增加大学毕业生的就业机会、带动大学毕业生就业来说具有重要意义，而互联网的快速发展为大学毕业生创业提供了更多可能。但是目前互联网对创业的积极作用并未充分发挥出来，主要表现在以下三个方面：第一，大学毕业生并未充分依托互联网社交平台积累自身的人力资本，为创业做准备；第二，大学毕业生的创业模式比较单一，虽然创业之初是以互联网为依托，但其商业模式还是传统的商业模式；第三，大学毕业生的创业项目含金量较低，虽然借助了互联网这一手段，但是大多集中在服务业，互联网真正的技术优势并未被充分发挥出来。

（二）对互联网信息的筛选能力不足

互联网经济的发展为大学毕业生带来便利的同时也产生了一些困扰。互联网相关法律法规不健全，社会诚信道德约束能力偏弱，导致互联网经济领域的安全问题经常发生；在大学毕业生求职的过程中招聘信息真假不一，导致大学毕业生在网上筛选信息时经常会受到虚假信息的干扰。互联网监管不足造成了大学毕业生的就业环境更加复杂，在这种情况下就更需要大学毕业生具备必要的互联网信息筛选能力。但是目前很多大学毕业生互联网信息筛选能力不足，主要表现在以下两个方面：一是大学毕业生对于权威机构的了解程度不够，导致在使用搜索引擎进行搜索时缺乏针对性；另外，由于对搜索引擎的了解程度不足，因此在选择时多选择主流的搜索引擎，而且对于检索策略的利用也不足，同时在使用搜索引擎进行检索时受实践经验及时间成本的影响，对互联网信息的筛选往往达不到预期的目标。二是筛选能力不足和筛选经验缺乏，导致在进行检索时易被醒目的标题吸引，这些信息可能包含虚假信息或者检索到的信息并非自身实际需要，这些都在无形中造成了大学毕业生人力、财力和时间成本的浪费。

（三）缺乏主动性和创新性

目前部分高校只重视对大学生理论知识的传授，忽视了实践能力的培养，导致大学毕业生在求职过程中缺乏主动性和创新性。随着互联网的普及，我国的网民数量呈现快速增长的趋势，移动互联网在高校学生中也逐渐普及，一些依托移动互联网的招聘方式逐渐流行。另外，很多权威的招聘网站通过付费的方式为大学毕业生提供就业信息，只要在自己的经济承受范围内并辨别信息真伪的基础上，主动使用这些新兴的招聘和获取就业信息的方式对大学毕业生来说是很好的选择。但是高校在对大学毕业生进行就业指导时并未重视对其实践能力和创新能力的培养，造成很多大学毕业生对这些新兴的方式并不了解，所以很多大学毕业生只能选择较为稳妥的传统就业方式。这些都表明大学毕业生在求职过程中缺乏主动性和创新性。要解决这一问题不仅需要政府、企业和高校的努力，大学毕业生也应该主动学习互联网知识，培养互联网思维，关注就业方式的发展，提升自身在获取就业资源和寻找就业方式上的主动性和创新性

第四节　互联网经济对大学毕业生就业的影响趋势

一、互联网经济对就业信息的影响趋势

就业信息是大学毕业生实现就业的必要前提，互联网经济的发展对就业信息的影响有利有弊，这些影响主要表现在以下三个方面。

第一，以互联网为依托的“互联网＋大学生就业”平台和微信、QQ 等即时通信工具的发展，使企业、高校和大学毕业生发布和利用就业信息更加便利。企业可以直接发布就业信息，大学毕业生也可以通过“互联网＋大学生就业”平台实现与企业的实时沟通，获得最新的就业信息，这些都使得大学毕业生获取就业信息的途径更加便捷，企业与高校之间、高校与高校之间以及企业与大学毕业生之间传递就业信息更加迅速有效，高校可以及时地利用就业信息对大学毕业生做出就业指导，大学毕业生也可以及时地利用就业信息实现更高质量的就业。

第二，以互联网为依托的“互联网＋大学生就业”平台和微信、QQ 等即时

通信工具的发展，使就业信息的使用者获取就业信息的机会更加公平。传统的就业信息发布方式主要是通过大学毕业生就业主管部门、人才服务中心或就业指导中心举办的各种类型的双选会、广播电视和杂志等媒体以及亲朋好友之间就业信息的传递，这些就业信息发布方式受到各种社会和经济因素的影响往往带有不公平性。例如，大学毕业生就业主管部门发布就业信息只是针对本校的大学毕业生，无法实现与其他高校的就业信息交流，双选会往往受到地域限制，也无法达到地域之间的就业信息交流。而新兴的以互联网为依托的就业信息发布方式能够实现高校之间、地域之间等就业信息的交流，使就业信息的使用者获取就业信息的机会更加公平。

第三，以互联网为依托的“互联网＋大学生就业”平台和微信、QQ 等即时通信工具的发展，丰富了就业信息的同时也导致就业信息更加良莠不齐。传统的就业信息发布方式使很多即将就业的大学生无法获取丰富的就业信息，但这种信息发布方式更具可靠性，高校和大学毕业生在甄别就业信息真假时的压力较小。新兴的就业信息发布方式使大学毕业生获得了海量的就业信息，但是由于互联网监管不足以及道德制约性较差造成企业发布的就业信息良莠不齐，如果高校缺乏专业的就业指导老师，加之大学毕业生缺乏实践经验，就会造成高校和大学毕业生在面对海量的就业信息时甄别压力倍增，容易造成甄别失误或者甄别延迟。甄别失误和甄别延迟会对高校的就业指导工作造成严重的后果，对大学毕业生的影响主要是就业机会的错失，致使高校和大学毕业生遭受人力、财力和时间成本的损失。

二、互联网经济对就业指导的影响趋势

互联网经济的发展对就业指导的影响有利有弊，这些影响主要表现在以下两个方面。

第一，互联网的普及为高校提供就业指导提供了一个更加开放、便捷的平台，高校可以利用平台更方便地为大学毕业生提供就业指导，如通过“互联网＋大学生就业”平台和微信、QQ 等即时通信工具迅速地将就业指导资料传递给大学毕业生，有效解决了高校和大学毕业生之间就业指导资料沟通不畅的问题。尤其是微信等即时通信工具的发展，使高校对大学毕业生的就业指导更为细化和精准化，

大学毕业生不仅可以及时获取就业指导资料，还可以有选择地获取所需的就业指导资料，从而减轻了因为就业信息过量和良莠不齐导致的甄别压力。此外，高校还可以依托互联网开展就业指导的网络云课堂、讲座、模拟面试等，为大学毕业生提供个性化的就业指导。因此，互联网经济的发展拓宽了高校为大学毕业生提供就业指导的路径，不仅提高了就业指导的速度和准确性，还在一定程度上提高了就业指导的质量，满足了高校和大学毕业生各自的需求，对大学毕业生的就业起到了很大的促进作用。

第二，互联网经济下的高校需要不断创新对大学毕业生的就业指导工作。互联网将高校和大学毕业生紧密地联系在一起，使高校的就业指导系统更加开放，在这种背景下，高校的指导理念、思维方式、工作模式和工作方法就需要做出改变。但是有些高校领导者的互联网思维比较薄弱，导致其对互联网经济发展对大学毕业生就业的积极作用重视程度不足，所以以互联网为依托的“互联网 + 大学生就业”模式还未普及，微信、QQ 等即时通信工具也未得到有效利用。互联网经济的发展不仅使就业指导资料的获取更为便捷，就业指导资料的供需匹配程度也将得到提高，传统的指导理念和工作方法已经不能与互联网经济的发展相适应。想要为大学毕业生提供更为细化和精准的就业指导，就需要改变指导理念和工作方法，更新思维方式和工作模式，从而提高大学毕业生所获得的就业指导资料的质量，实现更高质量的就业。

三、互联网经济对就业招聘的影响趋势

互联网的普及催生了很多新兴的招聘方式和招聘平台，目前互联网招聘已经实现并得到普及。很多大学毕业生通过高校网站的“就业指导”专栏、高校就业论坛、企业的“互联网 +”招聘平台、网络面试系统等实现就业。因为互联网招聘节约了企业招聘和大学毕业生求职的人力、财力和时间成本，提高了企业和大学毕业生之间的交互性，所以互联网招聘的模式在就业招聘中越来越流行，主要体现在以下三个方面。

（一）打破了就业招聘高校之间和地域之间的限制

对企业来说，可以通过互联网平台实时发布最新的就业招聘信息，在提高自

身知名度的同时还可以打破地域限制，面向全国乃至全世界的大学毕业生选择最合适的人才，实现预期的招聘目的；对大学毕业生来说，无论是不是本校或者该地域的大学毕业生都可以通过互联网平台同时获得企业的招聘信息，并及时做出就业选择。

（二）就业招聘的过程更加公平

对传统的就业招聘来说，家庭资本是就业招聘中极为重要的一个因素，家庭资本的不同导致大学毕业生的就业机会不平等，不利于大学毕业生实现更高质量的就业。而互联网经济的发展为就业招聘提供了平台，大学毕业生可以通过微信、QQ 和微博等即时通信工具提升自身的人力资本，以弥补家庭资本的不足，所以通过互联网投递简历和参加面试，对于大学毕业生自身的就业能力要求较高，家庭资本在就业招聘过程中的重要性下降，降低了通过关系获得就业招聘机会的可能性，使招聘的过程更加公开、透明和公正。

（三）就业招聘的机会成本减少

通过互联网进行招聘，企业可以通过“互联网 + 大学生就业”平台实时发布就业招聘信息，减少了线下宣传和举办招聘活动的费用，减少了企业的招聘成本，也可以使企业及时获得合适的人力资源。通过互联网进行招聘，大学毕业生可以更加便捷地参与就业招聘。传统的招聘方式对远离一线城市的高校大学毕业生来说，人力、财力和时间机会成本都较高，只能错过远距离的工作招聘机会；而以互联网为依托的就业招聘，即使面对远距离的就业招聘，也可以通过互联网投递简历和参与面试，减少了就业招聘的机会成本。

四、互联网经济对就业创业的影响趋势

互联网经济的发展促进了经济的发展，为大学毕业生创业带来了积极的影响，影响了大学毕业生的创业意识，为大学毕业生提供了更为便捷的创业平台。

（一）对大学毕业生的创业意识产生了直接的影响

这主要表现在两个方面：一方面，政府、高校和企业逐渐重视对大学毕业生创业意识的培养，通过“互联网 +”大赛等创业大赛和高校创业孵化园等途径培

养大学毕业生的创业意识。通过这些培养途径很多大学毕业生的大赛创新点成为创业的基础，很多大赛项目接受投资得以孵化，为大学毕业生就业创业奠定了技术和资金基础。另一方面，大学毕业生面临互联网经济形势下就业形势的快速发展和变革，也在不断通过各种方式增强自身的创业意识，大学毕业生通过创业的方式实现就业已经成为就业的新的发展趋势。

（二）为大学毕业生提供了更多和更便捷的创业平台

随着互联网的普及，政府和高校越来越重视对大学毕业生的互联网教育，通过各种方式培养大学毕业生的互联网思维，使其适应互联网经济快速发展的节奏。随着政府和高校对互联网教育的大力推进，大学毕业生的互联网思维得以养成和完善，对互联网的熟悉和了解程度越来越高，更多的以互联网为依托的创业平台可以被大学毕业生发现和利用，如“互联网 +”农业、教育和服务等。有的大学毕业生在校期间利用互联网平台结合自身所学的专业知识，发挥自身的特长，开展相关的“互联网 +”服务的工作，为自身取得经济效益的同时，激发了周围大学生的创业意识，从而取得了良好的社会效益；有的大学生利用众筹平台为自己的创意产品获取投资，这些大学生创业项目的成功都离不开互联网经济发展为大学毕业生提供的创业平台

五、互联网经济对就业服务的影响趋势

互联网经济的发展对就业服务产生的影响是明显而直接的。传统的大学毕业生就业服务的管理流程较为烦琐，互联网的普及简化了烦琐的管理流程；传统的大学毕业生就业服务的管理方式较为低效，互联网的普及提高了管理效率，就业服务管理方式的简化和改革使得就业服务管理更为规范和高效。

政府、企业、高校和大学毕业生可以通过“互联网 + 大学生就业”平台以及微信、QQ 和微博等即时通信工具熟悉和了解高校审核过的就业政策、需求和流程等，这种以互联网为依托的就业信息传播方式可以打破高校之间和地域之间就业服务的限制，开发就业服务的盲区，从而拓展就业服务的空间，提升大学毕业生就业服务的效率，从而使大学毕业生实现更高质量的就业。

第五节 “互联网+”大学生高质量就业策略

党的十九大报告中明确提出就业是最大的民生，因此提高大学毕业生的整体就业水平，不断促进大学毕业生实现更加充分更高质量的就业实际上是我国的重大发展战略之一。党的十九届中央委员会第四次全体会议通过的《中共中央关于坚持和完善中国特色社会主义制度、推进国家治理体系和治理能力现代化若干重大问题的决定》亦强调了健全有利于更充分更高质量就业的促进机制，进一步明确了今后一个时期促进大学毕业生就业创业的目标任务。近些年，随着高校扩招的推进，我国大学毕业生的综合素质和数量不断提升。然而，这一群体所面临的就业挑战却日益严峻，尤其是随着大学毕业生规模的不断扩大，他们的就业前景更加不容乐观。

针对大学毕业生就业这一重要的民生问题，我们需要充分认识到互联网发展对大学毕业生就业带来的积极意义。为切实保障大学毕业生实现更加充分更高质量的就业，有赖于多方主体共同构建一个良好的适用于大学毕业生群体的就业生态系统，尤其在互联网经济的背景下，更需要多方合力共同推进大学毕业生就业生态系统的形成和完善。为此，需要在政府的政策支持下，高校积极配合落实相关就业促进措施，充分发挥促进大学生就业质量提升的核心作用；企业也应结合当前互联网经济快速发展的态势，做到与时俱进，积极实现企业对提升大学毕业生就业质量的载体功能；而作为主体的大学毕业生群体应结合实际情况，迎合时代需求，树立正确的职业观，发挥主导作用。

一、大学毕业生高质量就业生态系统的构建

当前在具体的就业关系中，高质量是尤为关键的一个指标。在“稳就业”宏观政策的背景下，高质量就业也是进一步深化就业活动的具体表现。在互联网经济快速发展的背景下，大学毕业生实现更加充分更高质量的就业，有赖于多方主体之间形成合力，共同促进大学毕业生群体就业质量的提升。对大学毕业生群体而言，在互联网经济深化发展的背景下实现更高质量的就业水平，就意味着需要实现以下几点。

第一，需要确保大学毕业生群体能够获得更多的职业发展机会和职业选择的通道。这就意味着社会能够为大学毕业生提供丰富多样且数量充足的就业岗位，大学毕业生也可以通过信息搜寻尽可能找到匹配的职业。为此，需要进一步保证整体宏观经济的发展趋势良好，尽管互联网的快速发展能够为大学毕业生群体提供更加丰富的职业选择，但是面临庞大的大学毕业生就业数量，还需要保证企业能够为其提供适宜的岗位，促进大学毕业生在职业选择过程中实现人职匹配。同时，也能够为正在工作中的大学毕业生提供更多职业上升和职业选择的空间和渠道，真正让大学毕业生充分实现自身的价值。

第二，作为劳动者的大学毕业生群体能够获得更好的报酬和待遇。不管在何种社会背景下，报酬的提升和福利待遇的优化都意味着劳动者实际生活水平的提升。对大学毕业生群体而言，劳动报酬和福利待遇的提升不仅意味着更加体面的生活，还表明劳动者的职业价值被肯定。

第三，作为劳动者的大学毕业生在职业发展过程中的基本权益能够得到更好的维护和保障，企业能够建立和谐的劳动关系。互联网经济催生了更多的新兴职业，工作模式和工作方式都或多或少地发生了改变。新的雇佣关系也开始出现，因此需要通过保障大学毕业生职业发展过程中的基本权益来促进其整体就业质量的提升，大学毕业生与企业之间建立合法有序的劳动关系对双方均有利。

第四，需确保大学毕业生在从业过程中有更好的劳动环境，以及更加可靠的社会保障。随着互联网经济朝着更加深入的方向发展，劳动者工作环境的安全条件也逐渐得到了完善，但是新的劳动关系并不一定认为这是更加可靠的社会保障支持。要想实现高质量就业，更加可靠的社会保障支持必不可少。

第五，实现高质量就业的核心主体在于大学毕业生自身，因此大学毕业生需要具备良好的专业素养和更强的工作能力。高校、企业和政府部门都能够为大学生实现高质量就业提供有效的教育支持、岗位支持以及政策支持，但是一切核心仍在于大学毕业生本身，良好的职业素养和工作能力才是大学毕业生职业生涯规划中的核心要点。

大学毕业生高质量就业生态系统中，大学毕业生群体自入学到就业，再到职业进一步发展，有赖于不同主体之间的协作和支持。但是不同主体之间的支持和关系并不是单一的线性关系，而是相互关联、相互影响的非线性关系。互联网经济下大学生高质量就业生态系统构建的核心主体为政府部门、企业、高校及大学毕业生。

在大学毕业生高质量就业生态系统中，政府需要充分发挥宏观的协调功能，结合当前的实际情况，并且根据相应的就业质量目标，综合考量大学毕业生高质量就业需要完善的宏观就业政策，并给予一定的资金支持。政府宏观层面协调功能的发挥能够更加迅速地使不同主体之间的工作更加高效地开展。作为对政府宏观调控政策的支持，企业需要及时反馈就业相关信息，高校同样需要对大学毕业生的具体就业状况进行统计并及时将有效信息传递到政府部门，以促进政府部门在掌握大量可靠的就业数据的基础上做出更加科学的决策。

高校的核心职能是向大学生群体提供全面的专业素质教育，确保大学毕业生群体在面临职业选择时具备良好的专业素质，能够适应工作中遇到的问题。不仅如此，高校还需要为大学毕业生提供必要的职业发展规划教育，即根据学生的实际情况，使其在求学期间就了解应如何进行职业规划。具体而言，首先是学生在求学期间需要明确了解应如何高效地筛选信息、对自己进行准确评价，从而选择适合自己的职业，促进人职匹配的实现。其次是引导大学毕业生树立正确的就业观念，就业观念的形成对于大学毕业生的职业寻找、职业选择以及职业发展都十分重要，对大学毕业生而言，其就业观就是在学校期间形成的，因此高校需加强对大学毕业生正确就业观的引导工作。在互联网经济背景下，树立正确的就业观，要求高校引导大学毕业生尽可能做到以下三个方面。

第一，大学毕业生应在充分考量当前就业市场的实际情况下，确定适宜的就业期望值。对此大学毕业生需要对自身实际情况有一个相对准确的认识，并且能够及时调整自己的就业期望和价值取向。必要时可以适当降低自身的就业期望，尽可能拓宽自身的实际就业范围，树立起更加大众化的就业观念。

第二，持续提升自身的职业素养。互联网经济背景下，对大学毕业生的任职要求更具多样化，为此高校需尽早让学生意识到从多个维度提升自身专业水平和职业素养的重要性。一方面，需要引导学生尽可能提升自身的就业能力，对此大学毕业生可以提前了解用人单位的实际需求，更具针对性地做好充足的准备；另一方面，也需要有针对性地提高自身的求职技巧，突出自己的优势和特点，提高自己的求职竞争力。

第三，引导大学毕业生适应严峻的就业形势。面对日益严峻的就业状况，高校不仅需要让大学毕业生有良好的心理准备，还需要尽早让他们意识到机会总是留给准备更加充分的人，就业形势严峻只是一个相对的概念。因此，高校应鼓励大学毕业生在校期间积极参与各项社会实践活动，并尽可能多地去接触社会，了解自身感兴趣的职业和岗位，乃至行业发展状况，为之后的求职积累更加丰富的经验。在竞聘岗位的过程中，应保持良好的心态，从容应对可能出现的各类状况，无论求职状况如何，均要保持良好乐观的积极心态。同时，还应该根据自身的实际情况，客观理性地对自身的实力做出评价，进而随时调整自己的职业规划，为自己的长远发展做出规划。最后高校需要引导大学毕业生在做出职业选择之后能够根据行业、岗位的实际发展状况，并结合自身实际情况做出进一步的职业发展规划。

在互联网经济背景下，企业在大学生高质量就业的过程中同样扮演十分重要的角色。对大学毕业生而言，企业提供的岗位数量和质量在很大程度上会对其就业质量产生直接影响。在大学毕业生高质量就业的生态系统中，企业自身不仅可以为大学毕业生提供在校期间的实训岗位，还可以在大学毕业生择业时期和职业发展时期提供大量的优质岗位，更能通过自身的人力资源系统对大学毕业生进行人职匹配来甄选适宜的人才。在实训岗位的提供方面，对企业自身而言，实训岗位的提供不仅能够让企业自身有充足的且具有灵活性的人力资源，以确保企业在人力需求旺盛的时期获得相对充足的人力资源，还能够在很大程度上节省企业自身的人力资本费用。对大学毕业生而言，这种在校求学期间就能够获得的实训资源不仅能够为其提供一个接触行业和岗位的机会，还能够通过实训积累一些必要的工作经验，为以后的职业选择提供基本的实践支持。在岗位供给方面，企业的长远发展和运行离不开相应层级的人才，因此企业自身的岗位供给数量和质量不仅能够在一定程度上反映企业自身的发展状况，也能够在很大程度上决定企业发展规模的程度和深度。当然，除了企业自身的因素，企业的岗位供给还会受到市场波动等众多客观存在的不确定性因素的影响。为此，企业在向相关政府部门提供一些岗位供给方面的信息时，政府部门也需要根据实际情况及时做出相应的决策，必要时需要给予相应的政策支持。在人职匹配方面，面对众多求职的大学毕业生，企业在充分考虑自身需要的人才结构和数量的基础上，对各类求职者进行必要的筛选。高效的筛选方式不仅能够让求职者与企业本身形成良好的互动，也能够使企业的招聘过程更加顺畅。企业在寻找适宜求职者的时候一般会有针对性地做出筛选，这能在一定程度上从企业层面对求职者与岗位进行有效匹配。两者之间的匹配度越高，就意味着整体的就业质量越好。因此，企业自身的招聘模式、招聘途径及招聘系统等各方面硬件和软件质量，也会对大学毕业生就业质量产生影响。

大学毕业生能否实现高质量就业的核心主体就是大学毕业生本身。大学毕业生要想获得更好的职业，并且在职业发展过程中取得更好的成绩，就需要在求学期间和职业发展期间做到如下几个方面：第一，对于大学毕业生而言，尤其是在互联网经济快速发展的宏观背景下，首先需要具备专业的学科素养和基本的职业素养，这是职业选择的基础条件。专业的学科素养直接关系到大学毕业生自身的专业能力，专业素养强的大学毕业生一般能够在相应的职业领域内做得更好，因此专业实力是基础。大学毕业生能否获得持续的职业发展取决于其是否具备基本的职业素养，对大学毕业生而言，具备基本的职业素养会对其今后长期的职业发展产生重要影响。第二，大学毕业生的家庭支持。对于大学毕业生而言，就业状况实际上受到多种因素的影响，其家庭所拥有的各类资本是可以进行有效传递并发挥作用的。大学毕业生在进行职业选择的时候，不管是得到家庭的精神支持还是物质层面的支持，都能够帮助其在求职过程中有更好的心态和动力。第三，大学毕业生需要形成正确的求职观和就业观。大学生在求学期间要通过高校提供的课程了解正确的求职观和就业观。在实际的就业过程中，还需要按照正确就业观的指导去实践和操作。第四，在互联网经济快速发展的背景下，信息搜寻能力在大学毕业生就业过程中发挥着十分重要的支持作用。信息搜寻是否充足和准确会对大学毕业生的职业选择质量和未来的职业发展规划产生影响。尤其是当前互联网已经成为人们日常生活和工作中的关键工具，能够对其进行充分利用，并通过这种媒介去完成职业选择对大学毕业生走好求职之路十分关键。

互联网经济下，在大学毕业生高质量就业生态系统中，政府、企业、高校以及大学毕业生这几个关键的主体之间并不是独立的、不相关的，而是相互联系、相互支持的，良好的就业系统的构建有赖于多方主体之间形成合力，共同促进大学毕业生就业质量的整体提升。

二、政府发挥保障大学毕业生就业质量的支持作用

（一）培育互联网经济环境下更优质的就业环境

互联网经济的快速发展能够为大学毕业生提供更多的就业机会，这对于大学毕业生群体整体就业质量的提升大有裨益。在此背景下，推动实现大学毕业生更加充分、更高质量的就业，一方面要求政府培育更加优质的互联网经济环境，为此政府部门不仅需要营造更加高效的就业渠道和求职模式，还需要确保对互联网经济下的就业监管到位。政府还应促进互联网经济与传统经济之间形成发展合力，使两者在相互衔接和补充的过程中一起推动整体经济的发展，确保大学毕业生能够在一个更具生命力的市场环境中求职就业。另一方面，随着互联网经济的日益完善和发展，在其发展过程中相应的法律法规和政策规范都有待进一步完善，尤其是针对雇佣双方之间涉及劳动关系、合同协议、考核标准等方面的规定仍有待进一步完善和补充。在互联网经济背景下，有针对性地培育良好的劳动市场环境，不仅能够显著提升大学毕业生的就业质量，还能够为社会经济发展起到良好的促进作用。不仅如此，政府还需要根据企业和高校提供的就业信息，及时出台相应的就业支持政策，从宏观层面做好协调工作。

（二）加大高等教育投入力度

互联网经济是以“互联网 +”和信息技术等为基础的经济，顺应互联网经济的发展，要求大学毕业生与时俱进，具备更高的技能和更高的素质。为此在教育阶段就应该有方向性地加大投入力度，确保培养出更多优质的人才，最终达到促进互联网经济深入发展的目的。对求职中以及职业发展过程中的大学毕业生而言，毕业生自身的专业知识和各类技能储备都会在职业选择和寻找的过程中发挥重要作用。对此，政府应从宏观层面加大对高校教育的资金支持，不断提升高校的整体教育水平，确保学生更好地掌握理论知识和一些专业技能，为在校学生在临近毕业时期和后续职业发展时期找到更好的工作提供更为有利的条件，提升自身技能与期望职位之间的匹配程度，进而提升大学毕业生的就业质量。加大对高等教育的投入力度，首先，要提高教育资金的投入力度，确保学校有充足的资金引入更多优质的高层次人才，从而不断提升高等院校的教育水平和科研水平，提升大

学毕业生的理论知识水平。其次，要加大对高等院校的科研经费投入力度，这样的政策能够鼓励更多的教师和学生参与到各项科研工作当中，不仅能够提高教师的科研积极性，促进教师科研水平的提升，还能够引导大学生从事一些基础研究，从而提升大学毕业生的综合能力，实现更高质量就业。

（三）加强高校互联网基础设施建设

我国当前不同层级大学的互联网设施建设存在巨大差异，难以保证所有大学生均享受到互联网资源。为此政府应加大对高职院校、普通本科院校互联网基础设施建设的投入力度，减小其与重点高校之间互联网发展及教育的差距，以推动大学毕业生公正平等地共享互联网资源，更好地实现就业公平。不仅如此，应积极构建“互联网 + 大学生就业”模式，让互联网作为一项重要工具参与到大学毕业生就业的过程当中，以此平衡不同区域大学生在求职时面临的实地资源差异，促进不同地区不同层级高校之间大学毕业生实现信息的共建和共享。

（四）充分发挥互联网经济的扶贫作用

进一步发挥互联网经济的扶贫作用。针对大学毕业生的就业问题，为了促进互联网经济的发展，首先必须加强对贫困大学生的支持和援助，为他们提供优惠政策，以帮助他们更好地利用互联网资源；应通过各种形式为贫困生搭建网络交流平台，提升他们的信息素养和自主学习能力，促进其全面成长成才。其次，应该积极推动政府提高农村地区互联网普及率，缩小城乡互联网覆盖差距，促进区域互联网基础设施均等化建设的加速。再次，应建立起针对农村贫困生和城市非贫困生之间差异的差异化资助体系，并通过完善相关法律法规来促进社会公平与公正，从而使互联网在解决贫困问题方面发挥更大的作用。最后，应加强宣传推广，进一步提升不同年龄层次的大学毕业生在互联网上的使用率，从而更有效地提升他们的就业竞争力。

三、高校发挥提升大学毕业生就业质量的核心作用

（一）引导大学毕业生树立正确的就业观

实际上，大学毕业生面临着人力资本投资回报率不断下降的现实情况，因此

在一个高人力资本投资回报预期的前提条件下，高校通过系统指导使毕业生对当前的实际情况有十分清晰客观的认识，能够促进其转变观念，适当降低自己的择业期望，调整就业心态，树立“人职匹配”的“大众化”就业观。尤其在互联网经济快速发展的背景下，大量新的就业机会出现，一些传统的职业也面临着挑战，因此有必要培养大学毕业生懂得迅速把握机遇，迎接可能出现的挑战的能力。对大学毕业生而言，多种因素会对其就业质量产生重要影响，为此学校有必要对大学毕业生开设具有现实意义的职业生涯规划课程，促进其形成正确的就业观念，确保大学毕业生清楚地认识到自身的能力水平，并尽可能朝着“人职匹配”的方向努力。

（二）对大学毕业生进行系统的就业指导

专业有效的就业指导是高校为学生提供的，由专业教师向大学生授课，传授专业求职就业知识并指导的过程。这种专业职业发展指导课程能够为大学毕业生在面临择业等问题时提供一个答疑解惑的渠道，帮助大学生系统地了解就业方面的专业知识。尤其在互联网经济快速发展的背景下，新的劳动关系和新的就业渠道不断出现，高校应更具针对性地为大学毕业生提供系统的就业指导，使其能够了解求职过程中面临的多种风险并及时做好预防工作。高校需对课程进行持续完善，并尽可能为大学毕业生提供更加丰富的就业理论知识，丰富的就业课程指导能够帮助大学生尽早建立职业生涯规划，使其对自己的不足和特长有更加清晰的认识，并且能够根据当前的客观情况和就业形势，厘清自身的就业理念，对自己的择业领域等预期做出准确的研判，更快地适应职场生活。

四、企业发挥促进大学毕业生就业高质量的载体作用

（一）差异化战略创新，与时俱进

在互联网经济快速发展的时代背景下，传统行业企业需要顺应时代发展潮流，不断进行优化和改进，新兴行业企业则需要采取一定的战略确保在激烈的市场竞争中谋求生机。不同规模不同行业的企业的实际发展状况的差异会直接影响到大学毕业生的就业质量。企业是大学毕业生实现高质量就业的重要载体，企业的发展状况直接关系到大学毕业生就业是否充分，就业质量是否良好。为此，对众多

企业而言，在招聘大学毕业生的过程中需充分考虑自身需求，通过加强自身的品牌建设，在互联网经济发展的过程中脱颖而出，得到高素质人才。

（二）构建更加科学的薪酬体系

对大学毕业生而言，企业的薪酬体系会对其就业满意度和就业质量产生重要影响。因此，企业自身完善的、科学的薪酬体系对于提升大学毕业生就业质量尤为关键。尤其在互联网经济快速发展的背景下，新的就业模式也随之而来。因此，为了提高大学毕业生的就业质量，同时也为了确保用人单位的效益得到切实保障，企业需要对市场的实际状况进行充分考量，并给予大学毕业生更加合理的报酬，提供与其能力相匹配的待遇水平。此外，还应根据社会保险的相关要求为其提供必要保障。

五、大学毕业生发挥提升就业质量的主导作用

（一）充分提高自身就业能力

就业能力即“个体获得和保持工作的能力”，这里需要强调的是大学毕业生在面临就业的时候，不仅需要具备获得就业机会的能力，还需要具备保持工作的能力，而一般情况下大家往往会忽视后者。在大学生求职过程中得到一个满意工作的前提就是自身的工作能力与职位所需能力匹配度良好，即能够实现人职匹配。在人职匹配的情况下，才能确保大学毕业生的高质量就业；在人职匹配的前提下，大学毕业生才能够胜任相应工作并取得成绩，才算得上真正实现高质量就业。

大学毕业生在求职过程中和职业发展的过程中都不可避免地会面临压力，工作强度、工作稳定性等多种因素都会对其就业质量产生直接或间接的影响。尤其在互联网经济背景下，各行各业的发展速度都开始加快，对此大学毕业生在职业发展的过程中需结合自身的实际情况及时调整好就业心态，正视工作中出现的压力，并及时采取措施进行调节，保持良好的身心状态。另外，还应考虑到工作强度等特征同样直接关系到大学毕业生的就业质量，工作的稳定性也与大学毕业生自身的条件存在必然联系。

（二）深入挖掘互联网的载体功能

互联网作为现代通信技术的重要载体，能够实现通信、信息、资源、服务、新闻以及广告等内容的快速传播，对于大学毕业生就业而言是实现信息搜寻的重要工具，对促进该群体实现更充分更高质量就业十分关键。这要求大学毕业生群体能够充分利用互联网的信息载体功能来提升自身的综合竞争能力；通过使用互联网增加社会交往的方式来提升自身的人力资本存量，打破就业对家庭社会资本的路径依赖。

第四章 “互联网 +”大学生创业的问题探讨

随着社会经济的发展，国家越来越重视创业和创新，正在加快改革科技成果产权制度、收益分配制度和转化机制，同时不断简化创业行政审批手续，降低创业门槛，大力破除技术壁垒、行政垄断的藩篱。“大众创业、万众创新”是经济增长的新引擎。本章内容为“互联网 +”大学生创业的问题探讨，主要讲述了“互联网 +”背景下大学生创新创业基础理论、“互联网 +”背景下大学生创新创业的培育方法、“互联网 +”背景下大学生创新创业支持体系构建、“互联网 +”背景下大学生创新创业的影响因素及路径选择几个方面的内容。

第一节 “互联网 +”背景下大学生创新创业基础理论

一、创新创业的内涵

（一）创新的内涵

所谓创新，就是在特定的条件下，在已有的思维模式的基础上提出全新的观点，以理想化需要或满足社会需求为目标，将与已有知识和材料有关的事物、方法、元素、路径、环境进行提升或革新且可以得到一定效益的行为。详细来说，创新指的是以事物发展规律为前提，人们通过创新事物的整体或局部来实现某种目的，进而促进事物不断更新和发展的活动。

一般来说，创新有狭义和广义两个方面的标准。可以完成独创的、前所未有的、具有科学价值和社会意义的产物的活动，都可称作狭义的创新。如科学的发现、科技的发明、文学艺术的创作和政治理论的突破。能够给某个人带来新奇的、空前的产物的活动，都可称作广义的创新。换个说法，判断一个人处理问题是否具有创新性的标准，不是依据这个问题和方法是否有前人提出过，而是看它对于本人是否具有新颖性。

具体而言，创新包括如下四种情形。

第一，从生物学层面分析，在人类生命体的自我进化和更新中存在着天然的创新。在生命体内，新陈代谢是本质属性，而生命的不断进化体现的就是生命自身的创新性。

第二，从心理学层面分析，人类一出生就具有对未知探寻的心理特性，因此创新是人类心理独有的属性。反思自我、诉求人生、拷问价值，体现了人类的主观能动性。

第三，从社会学层面分析，人类要想谋求生存和发展，创新是客观需要。只有从自然中获取需求，人类才能够生存；只有把思维拓展到明天，人类才能够发展。

第四，从人与自然关系层面分析，人类与自然相互影响必然会产生创新。

（二）创业的内涵

创业本义为“创立基业”“创建功业”。《辞海》释为“创立基业”。英文里，“创业”的提法有两种：一是“venture”；二是“entrepreneurship”。“venture”一词的最初意义是“冒险”，但在企业创业领域，它的实际意义是被赋予了“冒险创建企业”。20 世纪 70 年代中期后，全球理论界和实业界把创新、创业精神视作新热点，专家学者陆续从创业本质的视角，重新反思管理理论以求创新。创业是一个复杂的现象，因为具有跨学科、多层面的特点，使这一领域在吸引眼球的同时也变得错综复杂。

根据我国当前的实际情况，创业就是要付出一定的时间和精力去发现和抓住商业机会，以创造企业或者企业组织结构创新来募集和分配各种资源，把新奇的商品或者服务投入市场，最终实现其经济和社会价值的过程。当然，创业自然是广义上的事业创造。

就上述创业概念而言，其主要强调如下四个方面。

第一，创造的过程被称作创业。创业过程中会创造出新的事物，而这些新事物无论是对创业者还是对新事物的一些目标对象来说，都具有很重要的价值。

第二，付出所需的时间和大量的精力是创业所必需的。实现创业的全过程，需要有有价值的新事物的开发和大量时间的投入作为支撑。

第三，承担必然存在的风险。创业的风险可能有多种形式，一般来说是财务方面的、精神方面的、社会方面的及家庭方面的。

第四，为创业者提供报酬。对于一个创业者来说，在创业过程中实现真正的独立自主和伴随而来的成就感才是至关重要的。但对于大多数创业者来说，追逐利润是第一位的。

二、互联网创业的模式

互联网创业的模式主要有以下几种。

（一）实物商品的商业模式

一般意义上说，商品货物指的是用户能够直接持有和使用的某种物品。商品货物的商业模式相对简单，主要有下面四种。

第一，自己生产、自己销售：自己直接生产、直接销售给用户。

第二，外包生产、自己销售：把生产环节外包出去，自己负责直接销售给用户。

第三，只生产、不销售：自己负责生产，交给分销商销售。

第四，只销售、不生产：自己作为分销商，或者提供销售商品的交易市场。

（二）广告

目前广告是互联网领域公认的最佳变现方式。事实上，作为主要商业模式的广告，如今互联网行业在广告领域完全抢尽了风头。

1. 展示广告

文字、banner 图片、通栏横幅、文本链接、弹窗等是广告展示的常见形式，一般根据展示的位置和时间收费，即包天广告或包月广告。这是当前最常用的广告模式。

2. 广告联盟

广告联盟等同于在互联网上的广告代理商，广告联盟相当于中介，把广告主发布的广告推送到不同网站和 App。当网站流量较少时，大多会和广告联盟合作，直到流量增长到一定程度后，才会与既定广告主进行直接合作。广告联盟通常会根据广告点击次数进行收费。

3. 电商广告

一说到电商广告最先想到到的就是阿里巴巴了，当然其他电商平台也都有自己的电商广告。这些广告通常根据销售额提成付费。这种方式也是许多导购网站收入的来源，会接入各个网站的广告赚取佣金。

4. 软文

软文是通过将广告和文案的内容巧妙地融合起来，让用户在阅读到自己喜欢的内容的同时，对广告内容也有所了解。许多媒体网站或微博等都是通过软文盈利的。

5. 虚拟产品换广告效果

虚拟产品换广告效果可以为用户提供虚拟产品，但这需要用户接受一系列的广告，如看完整段广告、注册某个网站的用户、下载某个 App 等。

6. 用户行为数据

通过对用户在网站或 App 的使用方式的分析，能够获得用户的习惯和抓住用户心理，并将其作为产品设计和商业规划的依据，从而编制正确的决策。许多公司都需要这类用户使用习惯资料，因此可出售这类资料来赚取利润。

（三）交易平台模式

1. 实物交易平台

实物交易平台是指用户能够进行商品交易，以及进行支付活动的平台。用户需要向平台支付一定的佣金。

2. 服务交易平台

服务交易平台是指用户能够提供和接收服务，进行支付的平台。平台会收取相应佣金。

3. 沉淀资金模式

沉淀资金模式是指平台能够利用用户在平台上留存的沉淀资金赚取投资收益的模式。在传统零售业中，以账期压供应商的货款，就是在用沉淀资金盈利。如今互联网行业中也引入了这一模式，不少互联网金融企业、O2O 企业把希望寄托在这一模式上。

（四）直接向用户收费

除广告以外，直接向用户收费也是一种主要的商业模式。当然，如果初期就收取一定费用，极有可能“吓跑”使用者。因此，需要借助一些巧妙的做法。

1. 定期付费模式

这种商业模式是指定期付钱获取一定期限内的服务，与手机话费月套餐类似。定期付费与一次性购买软件相比的优点是，单笔支付额度不多，因此用户支付门槛也较低。

2. 按需付费

按需付费指的是用户实际购买服务时，才需要支付相应的费用。例如，在某视频网站里支付一定费用看了一部电影就属于按需付费，又在该网站支付一定费用后下载了一个需要的文档也属于按需付费。而因为购买了该网站的会员，所以可以在一定时间内观看会员免费的电影，却属于定期付费模式。

3. 打印机模式

打印机模式指的是先通过较低的价格吸引顾客购买一个基础性设备，通过提高其他必要配件的价格来盈利的模式。如降低打印机的价格，提高打印机耗材的价格。这种商业模式依靠卖耗材来盈利。

（五）免费增值模式

免费增值模式指的是为一些用户提供产品免费使用服务，而另一些需购买增值服务，根据付费增值服务来盈利。然而，免费用户变成付费用户的转化率较低。

1. 限定次数免费使用

这种模式是在一定的数量范围内用户可自由使用，超过此数量则需支付。

2. 限定人数免费使用

这种模式指的是用户数量只要不超过要求人数范围是免费的，超出范围才需付费。如许多公司的邮箱服务，当企业注册了某一个域名并准备将其作为企业邮箱使用时，企业邮箱服务商可要求五个以内的邮箱地址自由使用，多于五个邮箱地址则需支付购买其服务的费用。

3. 限定免费用户可使用的功能

免费用户仅能使用部分功能，若要使用全部功能必须支付一定的费用。

4. 应用内购买

应用的下载和使用是不收费的，但在使用的过程中需要为特定的功能付费。

5. 试用期免费

允许用户在开始某段时间内自由使用，待试用期过后支付费用。

6. 核心功能免费，其他功能收费

将产品分为免费版和收费版两种形式是很多 App 常采用的模式。免费版中具备所有基本功能，但需要收取一定费用才能获得更多功能。以照片处理应用为例，免费版里只有一些基础的滤镜效果，尽管够用，但如果对滤镜有更高要求，就要下载付费版。

7. 核心功能免费，同时导流到其他付费服务

以微信为例，微信聊天是免费的，但是微信内置了很多其他的服务，如游戏、出行服务等，这些服务都有可能是收费的。

8. 组织活动

通过免费的服务积聚人气，再举办各种线下活动，可以在活动中得到广告、赞助或销售商品、服务。如许多媒体都是靠举办线下行业峰会来盈利。也有一些地方社区举办线下展销会和推荐会出售物品或者服务，如装修展销会。

创业者们尽量把自己的产品做得更好，尽量“粘”到更多用户，当用户数达到一定水平后，选择一个合适的商业模式就能盈利。

三、互联网创业模式的特征

从根本上来说，互联网创业模式指的是创业的组织形式、方式和行业选择通过网络技术进行的组合，当然，不同的组合方式会表现出不同的特征。关于启动资金量、资金来源、创业团队、推广方式、盈利模式等的不同特征，下文做了详细的分析和归纳。

（一）产品和服务销售模式的特征

第一，创业启动资金少，无资金压力。产品和服务销售模式的开销集中在网络平台使用费和平台注册费等方面，一般启动资金较低。

第二，创业风险系数小，运营花费不多。网上商店的运营成本主要包括付给

平台开发企业的网店租金、交易佣金和网站建设维护费等，具有运营成本低、资金占用率少和大幅度降低创业风险的特点。

第三，通过产品促销和广告宣传的方式推广。分为资金不充足的小商户和实力较强的大商户，前者通常用降低商品价格的销售方式推广，后者更愿意利用第三方平台做广告来推广。

第四，技术门槛低。仅需掌握基本的网站平台操作技术，并具备一定的经营能力、财务管理能力及社会关系处理能力即可。

第五，盈利模式相对单一。销售产品与服务是网店获取收益的方式，此方式相对较为单一，而出售平台使用权，获得会员、收取广告位置费是提供网络平台服务的创业者获得利润的方式。

（二）访问量利用模式的特征

1. 创业的启动资金数额大

我国网页数量已达几千亿个，创业者只有强化网站建设和及时更新数据库，才能在激烈的竞争中崭露头角，这就需要有雄厚的财力。因此，这种创业模式的启动资金数额较大。

2. 创业资金来源多样化

由于这种创业模式资金投入数额很大，因此多采用团队内部募集、银行贷款和风险投资等多元的资金来源渠道。

3. 推广方式多元化，线上与线下相结合

整合线上和线下推广方式是创业者为达到全面提升网站知名度和访问量的目的最常使用的方式。线上推广多采用大型门户网站的链接宣传或者广告宣传的形式，而线下推广则多采用活动赞助或者自己组织活动的形式。

4. 运营费用较高，创业风险系数大

这种模式前期的启动资金较多，而且中期运营费也很高，是由于在这种模式下，需要创业者经常对网站进行维护、对数据进行更新导致的。资金投入量大，竞争环境激烈，极大地增加了这种创业模式的风险系数。

5. 盈利模式多元化

这种模式以网站的访问量为资源，盈利方式主要来自商家的广告投放费、用户注册会员费和第三方应用分红（如游戏收入）等。

（三）创意类商品交易模式的特征

1. 创业启动资金少，以自给为主

这种模式在不计前一阶段教育投入的情况下，自给形式的启动资金数额较少，主要用于平台的会员注册，部分网站甚至免费注册。

2. 对创业者知识技能要求较高

这种模式对创业者提出了具体的要求，即能够把个人知识、经验、技能等无形资产转换成实际收益，并创新性地满足顾客对个性化的需求，所以较高的知识水平和特定的专业技能是创业者所必备的。

3. 创业团队规模小

这种模式下创业者通常都是单个或者小范围创业团队，团队数量基本上都是5个以下。

4. 推广以口碑营销为主

顾客的满意程度完全取决于创业者自身的知识和技能水平，因此口碑营销在这种模式中推广效果最好。另外，创业者也可以在各大社交网站的帮助下推广自己。

5. 盈利模式与实体商品交易模式相同

创业者利用自身知识、专业技能来满足顾客个性化需求，从而获取顾客所付出的等价报酬的盈利模式和实体商品销售模式在实质上具有一致性。

（四）网络技术业务模式的特征

1. 启动资金较多，初期发展需大量的资金支持

在这种模式中，试运营技术的研发是启动资金主要开销，也称“试错成本”，资金量大，而且发展阶段还需要雄厚的资金支持，从百万元到千万元不等。

2. 资金来源以风险投资为主

市场竞争优势越大，创业者掌握的技术项目就容易受到风险投资者欢迎，并得到开发的融资。另外，也可以通过银行等金融机构贷款来得到发展的资金支持。

3. 创业团队技术水平要求高，成员综合素质强

在这种模式下，创业团队高水平的技术和一些营销推广与项目管理能力，是提高项目的市场竞争优势和获得经济效益的必然要求。

4. 推广方式以口碑营销和广告宣传为主

在这种模式下，创业者通常会用非单一的方式进行推广，这些方式有社交平台宣传、口碑传播、SEO 宣传、广告宣传及组织线下活动等，而口碑营销与广告宣传则为主要宣传方式。

5. 盈利模式多样化

网络技术差异性造成企业获得利润的模式各异。多数创业企业盈利方式包括收取技术服务费与广告宣传费。

第二节 "互联网 +"背景下大学生创新创业的培育方法

我国正处在经济社会转型的关键时期，创新创业成为一种社会需求，可以说，西方发达国家的经济可持续发展是以大学生创新创业为驱动的。作为社会关注的重点，大学生创新创业不仅是社会需求，也是自身需要，是大势所趋。而伴随着互联网的飞速发展，"互联网 +"为大学生创新创业打开了新的大门。本节将对"互联网 +"背景下大学生创新创业的培育方法进行分析探讨。

一、以"互联网 +"技术为支撑构建创新创业课程体系

高校要想达到创新创业教育的目的，优化高校创新创业的课程体系是主要路径。因此，高校应以大学生的需要和特点为立足点，以"互联网 +"技术为支撑，通过设立专业创新创业教育网站、创新创业微信群、创新创业教育大讲堂以及"碎片式"手机 App 移动创新创业课堂等方式来建设立体式、全天候、高覆盖的自助课程体系，促进大学生创新创业意识的形成和相应知识水平的提升。

二、以"互联网 +"技术为支撑构建创新创业文化体系

高校可以利用互联网技术构建创新创业文化体系，在充分发挥互联网优势的前提下，为大学生开辟创新创业路径。对此，高校可以从以下两个方面入手。

第一，高校可通过学报专刊、校报校刊、校园广播、橱窗板报、校园文化长廊、网络等各种媒体上开辟创业宣传阵地，大力宣传弘扬创业文化和成功创业事

迹，营造浓厚的创新创业教育文化氛围，使学生的创新创业知识在潜移默化中得到增加，创业意识也随之得到提升。

第二，高校可以加大对学生成功创业典型的表彰和奖励力度，从而激发大学生的创新创业意识。

三、以“互联网+”技术为支撑构建创新创业资讯体系

今天，互联网技术飞速发展，谁能够熟练利用互联网技术，谁就会掌握主动权。所以高校要积极发挥互联网优势，构建创新创业资讯体系，通过手机客户端、网站、答疑系统、微信群等为学生提供及时的资讯服务，让学生能够紧跟时代步伐，既感受到创新创业的魅力，又能学习到创新创业的相关知识。与此同时，高校可以增加在企业家和学生沟通平台建设方面的投入，在实现企业家和学生交流的同时，帮助学生在平台上找到合适的创业实习单位。

四、以“互联网+”技术为支撑构建创新创业实践体系

创新创业是一种对实践性要求很高的活动，应通过“互联网+”技术开展系列实践活动，从而转变传统的实践方式。高校可以以“互联网+”技术为支撑，由相关主管校领导牵头负责建设相应的创新创业实践基地，如构建线上线下创业实践平台网上模拟创业，建立远程创新创业视频系统，建立网上大学生创业园等，将创新创业实践基地融入日常教学和管理工作，并做出相应预算投入，从人、财、物等多方面确保实践基地对创新创业教育的有效开展。同时，高校也应建立长效机制以确保实践基地有效运行，并通过制定一套相应考核制度推动学校各个部门共同参与学生创新创业教育，确保大学生的创业实践活动能突出“创造性、实践性”特色。

五、以“互联网+”技术为支撑构建创新创业教育评价体系

为了更好地检验创新创业教育的实施状况及最终成效，各高校应在“互联网+”技术的支持下，将创业率、创业成功率以及创新创业教育影响力作为核心指标构建创新创业教育评价体系。高校可采用大数据分析法通过构建相关的模

型，得出能够真实全面反映创新创业教育实际情况的科学结论，从而推进创新创业教育健康持续发展。

六、以“互联网 +”技术为支撑建立相应的创新创业指导服务机构

为了帮助大学生更好地进行创新创业实践，高校应在“互联网 +”技术的支持下，成立相关创新创业引导服务机构来对大学生进行创新创业引导和服务。

第三节 “互联网 +”背景下大学生创新创业支持体系构建

大学生在创新创业过程中遇到政策、资金、技术、服务等方面的难题是不可避免的一件事。不仅需要依靠自己、学校、家庭的力量，还需要一个完整、成熟的创业支持体系。在互联网快速发展的今天，我国已经越来越重视大学生创新创业支持体系的建构，在结合自身实际情况的基础上，借鉴国外先进经验。

一、大学生创新创业政策支持体系的构建

政府和社会组织应从各个方面制定一系列政策和措施来鼓励大学生创业，增强他们创业的信心与积极性，为他们的创业保驾护航。从目前的发展情况来看，可以从以下几个方面着手建构大学生创新创业政策的支持体系。

（一）创业鼓励

大学生创业是一件值得鼓励的事情，所以政府、高校、社会组织应当以积极的态度制定相关的政策来进行正面鼓励。当鼓励政策制定并公布后，要通过一定的办法让尽可能多的大学生了解这些政策的内容，让有潜在创业想法的大学生通过了解这些鼓励政策将创业想法变成创业现实，社会各界也应该通过各种媒介进行深入宣传；同时，各种媒介之间应加大合作力度，联合起来多组织一些有关大学生创业的社会活动，增强他们的创业主动性与积极性。此外，对大学生创业成功的典型案例进行深入报道，通过发挥榜样作用来鼓励大学生创业，从而营造一个轻松、友好的创业氛围。

（二）税费减免

国家出台一些税费减免政策对支持大学生创新创业具有重要的意义。在税费减免的同时，国家也可简化大学生创办企业和运营企业的各项程序，并适当减免相应的行政管理费用，从而减缓大学生创办企业的负担。

（三）项目支持

大学生在创新创业过程中，即使有好的创业机会，但是没有好的创业项目，也难以获得可观的效益，也不能长久地生存发展。大学生创业者往往缺乏关系网和社会网，市场渠道也不是很通畅，这很有可能会致使其选择不到好的项目，最终导致创业失败。对此，政府和社会组织应适当地给大学生创业者分配一定比例的政府采购项目和社会采购项目，并通过正确、合理、积极的引导，促使他们的企业快速成长。

（四）技术支持

大学生在创办企业后，尤其是互联网企业，会不可避免地遇到一些技术难题。此时，如果政府能够采取适当的政策措施帮助大学生创业者解决遇到的技术难题，这对大学生创业者来说是一件非常值得高兴的事情。政府可要求国有企业和知名企业在条件允许的范围内帮助大学生企业解决技术问题，同时尽可能多地与大学生企业进行技术交流，为大学生提供技术层面的支持。

此外，高校往往具备较高的科研实力，可以有效帮助大学生企业解决技术问题。而大学生企业与高校合作还能将一些科研成果转化为市场上畅销的产品，这又可以实现“双赢”。

二、大学生创新创业资金支持体系的构建

企业的建立、经营和维系均需投入资金，良好的资金链状况对一个企业的正常、健康发展具有重大意义。而对于大学生创业者来说，经常面临的一个问题就是资金问题。所以，要想支持大学生将创业构想转化成创业成果，就必须有效地通过各种渠道来引入资金，建立和完善以家庭、学校、政府、社会为基础的资金支持体系。

（一）政府的资金支持

政府应当通过各种政策与措施为大学生的创新创业提供资金支持，帮助他们解决创业初期的资金问题。具体来讲，政府资助大学生创业可从如下几方面进行。

第一，制定相应的资金政策。可以通过减免大学生创业税费和减少创业限制来减轻创业负担。

第二，调整银行贷款利率。政府可硬性规定国有商业银行为大学生企业设置一定的商业贷款比例，各地区贷款利率也要随之调整，并制定合适的担保预约制度以确保大学生能够比较轻松地获得资金。贷款方面，可制订面向大学生创业的贷款担保计划和小额贷款计划。

第三，设立创业基金。地方政府应拨出专项创新创业资金来扶持大学生创业，科技含量高的产业、科技型中小企业或者优势产业可以考虑申请政府基金或创新基金。

（二）学校的资金支持

高校对大学生创业的资金支持能极大地降低大学生的时间成本和缩短创业周期，有利于大学生在校期间集中精力学习理论知识、培养创新技能和品质、开展创业计划和构想。高校的资金支持可以从以下三个方面着手进行：一是将科研成果进行商业化；二是举办高品质的创业竞赛进行创业奖励；三是直接设立创业种子基金。近年来，我国部分高校已相继设立了创业基金，它们有力地支持了大学生的创新创业实践。

（三）家庭的资金支持

大学生创业的“第一桶金”往往是来自家庭、亲戚、朋友。所以，家庭的资金支持对大学生创业发挥着重大作用。家庭资金包括物质资金和精神资金两个方面，前者指的是大学生自有资金以及从亲戚、朋友那里获得的资金或物质，后者主要指家庭在精神方面给予大学生的支持，包括对大学生创业行为表示认可，减少他们在毕业时成家立业、赡养父母的经济负担，并能忍受创业过程中放弃的机会成本以及创业过程中的失败损失，这能有效缓解他们在创业过程中面临的负债压力。

（四）社会的资金支持

社会对大学生的资金支持，主要指借助市场中部分民间组织和市场力量为大学生企业融资提供帮助。这种融资渠道是对大学生创业融资的一个有力补充。

民间组织与某些专业机构投资者共同投资于具有相对成熟项目的大学生企业的风险投资方式虽然带有股权性质，但机构投资者会通过为大学生创办的企业提供咨询、财税等各方面的帮助，从而增强大学生企业的存活率。

部分民间组织还可选择一些与自身发展方向有关的大学生企业进行投资，通过加盟公司和技术联合的形式推动双方企业共同发展。

三、大学生创新创业教育支持体系的构建

大学生创新创业教育支持体系的构建，对培养学生相关专业理论知识、创业基本技能和学生艰苦奋斗、锲而不舍、勇于开拓的创业冒险精神具有重要意义。近年来，国家也非常重视大学生的创新创业教育，不仅增强了理论方面的研究，而且力促各个高校来真正实施创业教育。不过，从目前的情况来看，我国大学生创业者的创业理论知识储备并不丰富。所以，为了更好地支持大学生创业，有必要大力开展创业教育。具体来说，高校可通过以下几个方面形成有效的创业教育支持。

（一）实行创业教育学分制

在学分制下，高校可以将创业教育纳入学生的必修课程。这样，大学生就有了接受创业教育的稳定机会。将创业教育纳入学分制后，高校要注重经常性地评估创业教育任务，并努力丰富创业教育的内容。同时，还要规定学生要想获得创业教育课程的学分，就必须参与各种创业培训、创业活动，并取得一定的成绩。

（二）设置富有特色的创业教育课程

将创业教育作为一门必修课程纳入学生的课程体系后，对于高校来说，设置富有特色的创业教育课程至关重要。设置创业教育课程最应该关注的问题就是如何激发大学生创业的兴趣，如何增强大学生创业的积极性，以及如何让大学生真正掌握相关的创业理论与创业经验等。很显然，要想解决上述问题，大学生创业

教育课程必须灵活、生动、有趣，课程内容和课程形式都要有所创新。例如，模拟商业谈判、创业课程试验、圆桌会议等都是比较典型的课程形式。

（三）积极组织创业竞赛

积极组织创业竞赛能够鼓励大学生创业，帮助大学生增加创业方面的知识和经验，如清华大学开展的“清华大学创业计划大赛”“挑战杯”“求实杯”等，确实取得了不错的教育效果。所以，在构建大学生创新创业教育支持体系的过程中，高校要积极组织创业竞赛，并采取一定的鼓励方式让更多的大学生参与其中。

四、大学生创新创业服务支持体系的构建

对于大学生创新创业来说，一套完整的服务支持体系是非常有必要的。它对大学生的创新创业可以起到润滑剂的作用。在构建创业服务体系时，可以从以下两个方面努力。

（一）建立创业孵化基地

创业孵化基地是由政府建立的，是创业者制度性、智能化服务平台，经市、县人力资源和社会保障部门、财政部门确认，可为入驻初创小微企业及个体创业者提供基础生产经营场地和有效的创业指导服务及一定时限内的政策支持，并可不断滚动孵化培育创业主体。

创业孵化基地主要提供低成本生产经营场地、基础办公条件、后勤保障等服务；提供创业培训、经营管理指导、创业项目推介及创业信息咨询；提供战略设计、市场策划、市场营销、项目推广、财务代账、融资担保、专利申请、法律维权等服务。此外，大学生入驻创业孵化基地还可享受一次性创业补贴。这主要是在其办理工商营业执照后，稳定经营并依法纳税一段时间后，由孵化基地运营管理机构申请，经基地所在地县、开发区人社部门审核，给予一次性的创业补贴。

（二）提升管理服务水平

企业的管理服务水平对大学生新创企业后期的生存与发展有着非常直接的影响。因此，要想让大学生新创企业健康成长，不断壮大，还应当在创新创业服务支持体系中重视管理服务方面的支持。具体来说，可以从以下几个方面做出努力。

第一，在创业基地、大学创业园等设立专门的管理服务部门，就大学生在创办企业的过程中遇到的一些基础性的常识问题给出正确的回答，尤其是提供法律、财税、会计等方面的咨询，让大学生顺利创业。

第二，帮助大学生创业者对企业的产权结构和现行的企业组织结构进行全面了解，从而合理分配与设计企业的组织结构和产权结构，避免企业面临一些不必要的纠纷和问题。

第三，积极组织培训活动，让大学生企业的相关人员接受培训。培训的内容主要集中于行业内的基本问题，包括在企业内任职不同的员工应该承担哪些相应的权利和责任并具备怎样的素质和能力，努力提升企业的核心竞争力，使大学生企业能够尽快做大做强。在创业集群效应的影响下，大学生的创业活动都在这个孵化基地进行，互相交流，增加了大学生企业的存活率。

五、“互联网＋”背景下大学生创新创业支持体系构建的建议

大学生创业的创新创业活动是一个长期的、艰辛的过程，除了需要政府、社会等各个方面的共同努力外，更需要在当今“互联网＋”背景下，充分利用互联网相关技术，以“互联网＋”思维促进大学生成功创业。具体来说，在“互联网＋”背景下，构建大学生创新创业支持体系时应注意以下几个方面。

（一）以“互联网＋”为载体构建高校创业教育体系

以“互联网＋”为载体构建高校创业教育体系，一般需要从以下三个方面努力。

第一，利用“互联网＋”技术构建具有针对性、适用性、因地制宜的创业教育课程体系。从当前的高校创业教育来看，主要的实施途径就是开设创业教育课程。创业教育课程既是创业教育理念的主要载体，也是实现创业教育目标的重要手段。在设置创业教育课程时，高校相关人员要充分考虑学生的特点和需要，除了正常的必修课程外，还要充分利用“互联网＋”技术设置一些自由选择课程。比如，开发专门的创业教育网站，在网站上设置一些创业网络课堂供学生自由选择，也可以放置一些创业经典故事供学生阅读，提高学生的创业积极性。再如，开发专门的创业课堂 App，让学生在手机上就可以轻松自由地进行碎片式的学

习；同时，建立校园内的创业微信群，通过群内的活动与讨论，鼓励学生创业，并解答与创业相关的问题。

第二，利用“互联网 +”技术构建高校创业教育实践体系。加大高校的创业教育力度，除了让学生学习一定的课程外，还应当注重创业教育实践。因为创业活动本身就具有较强的实践性。高校在设置一系列创业实践活动时，可注意将“互联网 +”技术应用其中，改变传统的实践方式。比如，建立线上和线下相结合的创业实践平台，学生可以在线上模拟创业的过程，这种类似于游戏的方式，既可以带给学生快乐，也可以使他们获得一定的创业知识和能力；可以通过搭建远程创业视频系统的方式，实现大学生同创业教育专家、创业成功人士之间的真实互动与沟通，从而提升大学生的创业信心、创业热情。

第三，利用“互联网 +”技术构建高校创业教育评价体系。高校创业教育的实施情况和最终效果如何，还需要进行科学合理的评价。以前可能主要是从创业学生的数量有没有增加，大学生的综合素质如何，创业能力是否提高等方面进行综合评价。这些指标虽然能大致看出创业教育的实施情况，但并不全面。利用“互联网 +”技术建立创业教育评价体系，往往能够从多方面来判别创业教育的综合实施情况，评价指标也变得更为细致多样，除了创业学生数量、创业能力等之外，还包括创业率、创业成功率、创业教育影响力等。

（二）充分运用“互联网 +”新理念，打造大学生创新创业新模式

理念往往指导着实践。在“互联网 +”时代背景下，大学生创业者应当充分运用“互联网 +”的新理念创办企业。如果大学生企业经营的是传统产业，就应注意将企业与互联网结合起来，让企业走信息化与工业化相融合的道路，与时俱进，而跟上时代的步伐。如果大学生创办的是小微型科技企业，那么就更应该充分发挥互联网的优势，创建开放式创新平台，为企业的客户提供各类个性化的服务和体验，促进企业的创新发展。

（三）基于互联网技术搭建众创服务平台

为了更有力地支持大学生创业，政府应利用互联网技术搭建众创服务平台。众创服务平台主要通过充分发挥互联网的作用，有效利用国家的创业创新政策，收集整合各大创业项目和创业培训课程，为创业者和大学生提供系统的创业服务，

提供良好的网络空间和社交空间及资源共享空间。通过众创服务平台，大学生可以在创业基地、创新服务、创新项目、创业课程等多个方面获得有效的建议与指导。

（四）引导大学生在电子商务领域创业

在互联网经济迅猛发展的当前，国家可以建立网上创业平台供大学生进行创业实践训练，在建设大学生电商创业实训基地的同时，提升创业人员的操作技能，以此激发大学生在电子商务方面的创业活力。在大学生电商企业进驻电商创业园后，要为大学生电商企业提供电商培训、电商企业孵化和运营的一体化服务。此外，还应对大学生电商创业实行“以奖代补”政策，实行社保补贴和场地租金补贴等。

（五）提供完备的创业指导咨询服务

为了改善中小企业经营环境，促进中小企业健康发展，扩大城乡就业，发挥中小企业在国民经济和社会发展中的重要作用，《中华人民共和国中小企业促进法》强调要建立与完善中小企业公共服务体系。可见，服务体系对于企业的发展来说非常重要。要想构建一个能够提供多层次、全方位、网络化、社会化服务的体系，应当重视以下几个方面的内容。

第一，树立“以人为本”的服务理念，从高校学生创业的实际需求出发，不断完善和创新服务内容。服务的重点包括：为有意创业的高校学生提供创业咨询、创业指导与策划、创业培训等服务；为注册登记两年内的新创办高校学生创业企业提供财税、法律、劳保、外贸等代理服务，政策与信息服务，管理咨询服务，技术服务，融资指导服务，人员培训服务等。

第二，鼓励各类服务机构多渠道征集、开发创业项目，建立“创业项目信息库”和“创业者信息档案库”，及时为高校学生创业提供服务，帮助高校学生掌握基本创业技巧，指导编制创业计划书，规划创业项目，帮助其实现创业。通过多方面的指导帮助，采取多种形式来帮助高等学校毕业生创业，构建合理的支持服务体系，使学生能成功创业。

第三，建立高素质的创业教育培训辅导员队伍。这可以说是创业教育服务支持工作的基础。各级政府和相关职能部门要把当地各行各业有经验的人组织起来，如优秀的企业家、法律专家、管理咨询专家等，为高校学生创业服务。同时，建立创业辅导员选聘及管理制度，也有利于构建一支高素质的创业教育培训队伍。

六、“互联网+”背景下大学生创新创业教育的发展与展望

在大学生创新创业教育中，互联网的作用越来越显著。这种影响使得传统人才教育方法得到了突破和创新，又在一定程度上让创新创业人才的培育更加具有科技特色。“互联网+”首先打破了权威对知识的垄断，让教育从封闭走向开放，人人能够创造、共享知识。在“互联网+”的冲击下，教师和学生的界限也不再泾渭分明，教育组织和非教育组织的界限也越来越模糊。学校和学生之间的关系发生了改变，是学生主动学习知识，而不是被动接受学校的安排。因此，开展大学生创新创业教育的模式也发生了巨大的变化。下文就“互联网+”背景下大学生创新创业教育的开展与展望进行了阐述。

（一）创新创业教育的内涵

所谓创新教育指的是一种教育改革实践活动，以培育人的创造精神和能力为根本价值取向。创新教育是指从培养目标和宗旨方面为学生重点营造一个充满创造力的公共空间，具体指以培育学生在学习过程中显现出的探索精神、对新事物和新方法掌握的意愿以及在现有知识基础上创造性解决问题的能力为目标，以发现人类创造潜能、发扬人类主体精神、弘扬人类个性与潜力为宗旨。其中，创新教育以创新能力培养为核心。

创业教育可视为通过教育来培养创业意识、形成创业能力与技巧，并最终推动个人创业行为。

创新教育和创业教育两者是相互融合、相互促进的。前者是后者的思想基础，后者是前者的具体化和行为化，两者联系密切、相辅相成，它们在总体培养目标、时代精神等方面具有内在的一致性。当然，两者也存在区别，创新教育关注的是对人整体素质的把握，而创业教育更重视如何实现人的自我价值，以培养开创性人才为目标。

（二）“互联网+”背景下大学生创新创业教育新模式

互联网时代的到来给传统的教育模式带来了翻天覆地的变化。在线教育使得

优秀的教育资源突破时间、空间的限制，使知识得到前所未有的普及和传播。“互联网 + 教育”有着巨大的市场潜力，完全可以利用其作为大学生创新创业教育的工具。

结合当前国内外实际，总结近年来出现的互联网教育新形式，可以概括为内容模式、平台模式、社交模式、工具模式，开展大学生创新创业教育也可以对此进行借鉴。

1. 内容模式

教学资源信息化平台可以实现对传统教学内容的高效组合和整合创新。互联网作为内容传播的平台，可以将教学内容放在互联网上，实现优质教学资源广泛共享。互联网上的教学资源除了具备传统资源具有的多人共享同一资源的特性之外，由于其信息的公开性，凡是能够使用互联网的用户均能够共享这一资源，不受副本数量的限制。以课程为核心，平台可以整合包括课程介绍、教学大纲、教学日历、教案或演示文稿、重点难点指导、作业、参考资料、教学录像、案例库、专题讲座库等资源，并在整合资源的同时，实现对教学资源的创作和分享。互联网作为内容平台，其内容形式包括视频内容和文档内容。

视频内容又可分为两种类型，一种类型是传统远程教育或网络学校，主要教育形式是把传统教学的内容以视频的形式在网站上播放，让无法到学校学习的人也能接受教育，由此突破了地点的局限，但互动性差，缺乏针对性，主要用于K12 课外辅导和成人从业资格培训。在实际教学过程中，教学资源能否被充分有效地利用，不仅取决于其本身的质量，也取决于资源的来源和资源被使用的方式。凭借教学资源信息化平台，可以实现以项目教学、案例教学、小组讨论、小组作业等合作性的教学方式开展的团队创新教学活动。通过真实的实践项目、开放的实践内容、充分的实践互动等，可以激励学生投入理论知识、实验实训课程的学习，引导学生主动参与，有效解决教学过程中的冲突、压力和倦怠等问题。另一种类型是最近几年流行起来的慕课。它是为了增强知识传播而由具有分享和协作精神的个人组织发布的、散布于互联网上的开放课程。传统的科学教学与慕课的区别就在于：前者是以教为主，后者是以学为主；前者是以知识传授为主，后者是以能力培养为主；前者是以课堂教学为主，后者是以课内外结合为主；前者是以终结性评价为主，后者是以过程式评价为主。慕课的到来带来了一种全新的科学教学模式，一种以学生为主体，多角度获取知识的方式。它冲击着传统的教学模式，为优质教育资源在全世界范围内共享提供了机会，给学校的人才培养带来了新的变化。任何人都可以将教学视频通过网络进行全球范围内的分享，优质的慕课网站可以聚集全球顶尖学府的优质教育资源，可以使教育突破学校的限制，每个人都有机会上名校。

文档内容以提供文档资源作为平台的主要功能，将散落的知识资源集中到一个平台上，使平台成为学习资料库，从而提高资源利用效率。

在网络上，有很多网友基于个人爱好或商业目的，将自己收藏或网友提供的电子图书整理后供大众免费阅读和下载。还有一种类似社交网站的文档资料平台用户可以在网站上随意提问，其他成员将会对问题进行回答，互动性较强。

同时，互联网还提供了大量的免费检索工具、下载软件，并开发了大量免费的资源库供用户使用。

2. 平台模式

这种模式以提供平台作为运营的侧重点，网站本身不生产内容，仅仅是为资源和用户之间创建连接的平台。根据服务对象不同，目前这种模式的在线教育网站又分为 C2C 模式、B2C 模式、B2B2C 模式、B2C+O2O 模式等。

C2C 模式即个人对个人的交易平台。C2C 教育模式为个人间知识和经验的传授与交易活动提供了便利。个人可以作为资料提供方，通过网站发布自己想要发布的内容，同时个人也可以作为资料索取方，通过网站得到自己想要的知识。

B2C 模式即企业对个人的模式，内容提供商负责生产内容，通过网站平台直接提供给用户。网校作为网络教育资源和服务的提供者，将其教学内容放在网校网站上，学习者通过购买网校的学习卡来获得这些资源的使用权。B2C 模式，把学习者作为服务的主体，体现了学习者的中心地位。

B2B2C 模式的主体包括三个环节：内容供应商、平台供应商、用户，内容供应商将内容提供给平台供应商，由平台供应商负责发布，然后用户才能对内容进行消费。目前一些在线教育品牌就是采用这种模式。

B2C+O2O 模式即机构到个人，线上到线下模式。依靠 B 端的品牌优势和师资优势，吸引用户先到网上进行注册，然后再进行线下体验，最终建立起机构和个人的连接。

3. 社交模式

这种模式注重网站社交功能的开发，提供类似在线社区的服务平台，使学员之间、学员与教师之间能够更为便捷地沟通交流，相互学习。代表产品有各类在线作业解答 App，当遇到不会做的题目时，用户可以通过拍照的方式发布问题，由看到问题的其他用户给出答题思路和答案解析。提问者可以选择最佳答案给予采纳与感谢。这样可以节省成本，快速解决用户的需求，使沟通更高效。同时，该类 App 能够构建学生圈，让用户在圈子中与全国的同龄人沟通，讨论彼此感兴趣的话题，将视野拓宽到课堂之外。因其是以社交的模式来做教育，其优势是互动性强，能够快速高效地解决用户提出的问题，但它能否真正提高学生的成绩，还需要时间的检验。

4. 工具模式

工具模式在线教育产品主要是提供各种有助于学习的工具，形态比较分散，功能较为单一。这种模式是当前用得比较普遍的一种模式。从教师角度来看，可以把提前在网上收集的有关课程的教材、教案或资源，直接下载或重新编辑整理后在课上使用；从学生学习角度来看，教师可以选择主题来拓展学习内容，给学生制订课下搜索有关信息和撰写报告的任务，还能借助信息技术手段，通过计算机邮件、文件档案或者电子演示文稿等形式展示作业和报告。

（三）“互联网 +”背景下大学生创新创业教育的发展

党和国家高度重视教育信息化工作，提供了一系列政策支持和引导。我国政府颁布的许多文件中均对教育的信息化建设做出了明确部署。随着互联网技术的发展，为教育技术和教育行业的发展提供了变革通道，慕课、教育 App、电子书包云服务、翻转课堂纷纷出现。国家教育资源公共服务平台也于 2012 年底开始试运行，提供统一用户注册、统一资源规范、统一交易结算、统一界面标识和就近服务。之后，中央电化教育馆网络部承担平台从 V1.0 到 V2.0 的运行维护工作，并建立了平台的门户网站，设立新闻、资源、活动、培训、导航、发现等网站频道，并开通了客服 400 服务呼叫中心，设立实时监控，加固及加速网络服务设施，努力更好地为广大网络用户提供优质的服务。网络教学环境的大力改善，降低了学校信息化成本和建设难度，推动了创新创业教育资源建设与使用良性互动。

（四）“互联网＋”背景下大学生创新创业教育的展望

“互联网＋教育”已经深刻影响着人们的学习和生活。触网即活，已经成为一个时代特征。“互联网＋教育”模式下的人机互动、人机智能，不仅促使课堂教学模式、学习场所发生了明显变化，同时也倒逼教育观念、教学方式开始转变。可以预见“互联网＋”背景下，未来大学生创新创业教育的教育理念、课程体系、教学模式、评价方式、教学空间等都将具有更强的互联网特征。

1. 教育理念

当前，互联网正在以惊人的速度渗透教育领域，不仅改变了传统的教育模式中的培养方式、课程管理、技术手段，还改变了教学思想、信念和价值观。以前以课本为中心、教师为中心、考试为中心的基础教育模式将进行重大转变，而要遵循“以人为本”“学以致用”“面向未来”的教育理念。

（1）“以人为本”的理念

“以人为本”主要是指教师角色和教师观念的转变。教育的本质是育人，人的发展是教育的出发点和归宿。在教育教学的过程中，要把人的因素放在第一位来考虑，把人的发展作为首要目标来追求。教师必须树立以学生为本的理念，做到尊重学生、理解学生、关心学生。“以学生为本”的教育理念是指教育要从学生的发展出发，使学生获得全面、主动、有个性的可持续的发展。“以学生为本”是以学生尤其是学生的发展为教育活动的本体，是教育理念在逻辑方面的起点，所有教育活动皆从学生发展角度出发。受网络教育发展的影响，学生学习知识的渠道已不仅限于教师，教师的权威性和重要性也面临着挑战。教师的作用正从“中心”走向“边缘”，学生的作用也正从被动走向主动，在课堂活动中充当“主角”。这就需要教师转变自己的角色意识，树立课堂联网的开放观，树立网络时代的学生观，树立平等、民主、合作交往的师生观，还有教育技术观。

①树立课堂联网的开放观

在互联网时代，教师必须有创新意识、开放意识。例如，采用翻转课堂的方式让学生先对课堂要学习的内容、概念、原理、案例等进行网络查询，然后带领学生在课堂上探讨，分析得出结论，转变以往整堂课灌输知识的教学模式。互联网上有很多在线沟通工具，包括沟通、协作、追踪评价等工具，可以满足学生间的相互沟通需要，当学生遇到疑难问题时可以咨询以任课教师为主的助学者，既方便学生间的互动，又有助于教师对学生学习情况的把握；在进行课前学习过程中，教师可以将录制好的教学视频及课前练习上传至学习平台，并下达教学安排。这样就形成了由学生、助学者、学习平台为组成部分的翻转课堂班级学习共同体的虚拟环境。

“互联网 +”课程不仅丰富和更新了课程内容，注重各种教学方式的变革，还深化了学校和社会技术发展之间的深度衔接。

②树立网络时代的学生观

网络时代教育所追求的是学生的自主性和能动性，而不是以追求高分与升学率为教育目的，需要教师把每个学生看成是有独特情感的个体，培养学生思维的多向性和批判性。随着人们教育观念的变化，学生已成为有待开发的宝贵的课程教学资源。学生的主体地位要得以充分发挥，就必须重视学生的课程资源地位。在当今这个信息网络时代中，学生团体所掌握的信息量是巨大的，因此教师运用这些学生信息来组织教学活动和学生运用同伴信息来开展学习活动将成为当代教学中的一个重要特点。

③树立平等、民主、合作交往的师生观

网络时代的交往有虚拟化、符号化的特点，师生之间是平等的主体，主体之间更多的是基于网络的信息与思想的交流，以此来彰显彼此存在的价值，因此师生间是一种相互认可、相互理解、相互接纳的社会性关系。教师应该是学生的对话者和合作伙伴。

④树立教育技术观

随着网络时代的到来，教育方式和观念不断更新，大数据、云计算、慕课、翻转课堂等新事物不断涌现，给教育带来了诸多便利，教师只有懂得这些技术在当代教育中的重要性，才能紧跟时代的步伐。因此，教师应该保持开放的心态主动学习新的技术手段，跟上时代的步伐，才能在网络时代获得高速度、高质量的发展。

（2）“学以致用”的理念

在网络时代，不断创新和创新更具价值的新事物已成为教育的终极目标，不再仅限于对知识的继承。发达的现代信息技术使网络教育在知识继承与创新间建立起一个较好的平台，极大地缩短了学生“学”“用”的距离。人们之所以要选择或通过网络进行教育，就在于要学到对自己有用的东西，学以致用是硬道理。网络教育是与现代信息技术结合最为密切的教育领域。例如，学校使用的录播系统可以将多路视频、音频及计算机屏幕信号一体化同步记录，储存并直播教学活动过程；它能完整地记录教学实况并即时制作多媒体教学课件上传到媒体服务器。由于采用了大量先进的教育技术设备、手段，网络教育中的各种新颖的教学方式不断出现且名称不一，有菜单式、订单式、双向视频教学、会议研讨式……所有这一切都是为了服务自主学习，而个性化教学成为配合自主学习的必然选择，使网络教育朝着符合每个人现实、具体需要的路径前进。

（3）“面向未来”的理念

在网络教育时代，教育以“面向未来”为中心和实质内容。传统的教育与社会的实际情况间具有一定的时间差，体现在教育观念、内容和形式等方面，包括课堂内容、教材等内容，都是对以往经验的总结，面向过去。而网络时代，网络技术和信息的与日俱新，导致传统教育方式跟不上时代发展的脚步。因此，创新创业教育要立足当下，面向未来，具有一定的前瞻性，才能培养出不落伍的应用型人才。

此外，在教育理念上还要形成博大精深的教育品格，必须有开放的、包容的心胸和魄力，除了“走出去”，也要广泛吸引国际人才来华求学和工作，形成有利于我国国际化的人才发展环境。

2. 课程体系

“互联网 +”的快速发展使得现有的理论总结远远落后于实践。面对许多新问题、新业态，如何在课程设计上为学生提供较好的指导，如何更好地满足其学习需求，这是教育工作者需要关注的重要问题。在互联网时代，人才培养的课程体系和课程标准急需进行改革、创新与重构。

移动互联网的普及，使得传统的模块化课程内容学习方式转变为碎片化的学习方式，在此背景下，可重新制订课程内容，突出“适”和“微”的特点。所谓“适”，就是顺应学习者的学习心理、学习习惯，借助互联网给学习者带来更多便利。所谓“微”，就是指课程内容短小化。

3. 教学模式

互联网教育重新解构了传统的学习模式，创新了以互动、参与为特点的新的教学模式，尤其是以在线教育作为传统教育的有力补充得到了空前发展。在新的教学模式当中，体验式学习、协作式学习、探究式学习等多种学习方式并存，且各具特色。

（1）教学方式的变革：翻转课堂

“翻转课堂”是指将课堂上教师和学生的角色进行互换，由传统的教师在课堂上讲课，学生回家做作业的模式，转变成学生在网络上通过视频自学知识点，然后带着疑问到课堂上与老师和同学交流。翻转课堂使教师的作用从主动地传授知识到被动地答疑解惑。由于优秀教学资源可以共享，学生可以通过网络自主选择名师或自己喜欢的教师的课程。未来的大部分教师可能不再在课堂上讲授知识，而是充当导师或教练的角色。

（2）教学方式的变革：虚拟实践

网络触角的肆意蔓延，虚拟技术的快速发展，使得虚拟实践引入课堂教学成为可能。国内学者认为，虚拟实践是发生在虚拟空间的以“数字化符号”为中介的感性、对象化的活动。在教育方面，虚拟现实技术的应用模式大致分为两类：一类是虚拟课堂，即以学生为虚拟对象或教师为虚拟对象的虚拟学校；另一类是虚拟实验室。以虚拟课堂为例，其教育的宗旨是不仅让学生掌握理论知识，更要注重实践能力的培养。利用虚拟现实技术进行辅助课堂教学，可以使学生全身心地投入虚拟环境中，与环境中的各种对象相互融合，能够更加深入地学习所学课程。学生还可以通过使用具有交互性的模拟设备实现对虚拟环境的操作，从而进行实践练习。

随着技术的演进，互联网还会以标准算法、系统模型、大数据挖掘、知识库等为基础，为学生提供个性化、定制化学习服务。由于技术的增强，学习者的自主性大大增强，学习者的主动性空前调动，充分利用互联网提供的便利条件进行自主学习和研究。

4. 评价方式

在传统教育中，学生与教师的成绩基本上都是由学生的成绩来体现，在互联网教育中，这种评价体系将会更加多元化，不仅是对学生的考核进行多层次的完善，同时对教师的考评也更加具体。整体而言，在互联网教育中，教学评价将进一步全面和技术化。

（1）全面评价：学生考核方式的变革

在对学生的考核方式上，无论是开卷考试还是闭卷考试都不能全面地反映出学生对知识的真实掌握水平。现有的测评体系需要进行全方位的变革，建立全新的测评体系。不仅要改革考核方式，更要改革考核内容，既有学习之中的测评，也有学习之后甚至学习之前的测评。在网络环境下，对学生的评价不但依据网络学习的目标，对学生整个学习过程、学习效果做出价值判断，而且以发展为出发点，其目的不仅包括鉴别，也包括发展，并力求促进学生有效学习。将多个评价项目设于学习过程之中，力求搜集到能体现学生学习状况的全部资料，其中既有结果性评价也有过程性评价；再依此进行建设性的评价、评判与学习指导。由此看来，在“互联网+”背景下，对学生进行学习评价不只是为了搜集多方面的信息以便进行准确、客观的评判，更重要的是要运用评价结果来引导和推动学习。

（2）“网评”：教学评价变革

在高校里，网络评价已经成为考察现代教育教学管理工作的重要标准和手段。在“互联网+”时代，教育领域里的每个人都是评价的主体也是评价的对象，而社会各阶层也将更容易通过网络对教育进行评价。在互联网条件下，对教学双方的评价是信息化的，是基于教学双方表现和过程的。在学生方面，主要评价学生应用知识的能力，关注的重点不再是学到了什么知识，而是在学习过程中获得了什么技能。评价通常是不正式的、建议性的。对学习者进行评价的指标具体来说，它包括以下几个。

①交互程度

在网络教学中，以支撑平台上多种交流工具作为协助手段，对学习者学习情况进行记录分析是评估学习者交互程度的常用方式，包括以发布在讨论区的文章质量和数量、聊天区的发言次数和发言量等为依据。

②答疑情况

答疑情况可从学习者询问问题的数量、解决浏览问题的数量和提供解决问题方案的次数三个方面来体现。

③资源利用情况

资源在此指的是一般由教师教授的课程本身的资源和互联网资源。前者指利用网络教学平台和对其中的资源（包括问题资源、电子图书馆）的应用，后者包括利用浏览器或搜索引擎来浏览互联网资源的情况等。

④作业

在评价系统中输入完成作业的情况与成绩，就可以输出用曲线和提示信息展示的学生掌握知识的情况和完成作业的情况。

⑤考试

评价系统依据考试情况产生学习者知识点掌握情况和解决问题的报表，评价系统依据考试情况产生学习者知识点掌握情况和解决问题的报表，为学习者后续学习提出改进建议。除应用测试手段考核学生外，还可以通过对学生行为表现的记录和追踪获取相关信息实施评价。

总之，在互联网条件下，教学评价是由教师与学生根据实际问题及学生先前的知识、兴趣与经验共同制定的，体现为以学生为主体、以教师为主导的教育思想。

5. 教学空间

“互联网 +”技术将给传统教育从形式到内容带来革命性的挑战。教育信息网络将教学的空间从教室拓展到虚拟的电子空间，各种便捷的宽带接入方式，使每一位需要受教育的人都可以通过远程教育的方式随时随地获取教育内容；日益丰富的在线教育课程提供了教师在课堂上不能讲授的丰富的知识，各种各样的多媒体课件资源满足各种不同的学习需求。以网络资源远程传输为手段，以多媒体教学课件资源为内容，以自主学习和互动交流为主的教育数字革命不仅能提升教育的质量，同时将能政府资助的公立学校体系和以私人投资的私立学校的传统教学方式提出新的挑战。互联网教育的开放性能够让学生在开放、积极的学习环境中，以主动的姿态去探索和尝试，最大化发挥个体创造潜能。

总之，在“互联网 +”背景下，大学生的创新创业教育将发生革命性的变化，走向更加人性化、开放化的未来。

第四节 “互联网 +”背景下大学生创新创业的影响因素及路径选择

一、“互联网 +”背景下大学生创新创业的影响因素

当前我国的经济和社会发展正处于调整期，大学生创业面临着严峻的形势，主要表现在以下五个方面：一是自主创业环境不理想；二是缺乏获取启动资金的机会；三是大学生创业能力有待提高；四是家庭社会支持力度不够；五是缺乏可操作性的项目。

对于大学生而言，创业不仅是一种谋生手段，更是为了实现自己的理想。大学生创业是目前解决就业问题的一个重要途径，也是大学生实现人生价值的一个重要途径。目前，大学生正处在从理论到实践、从求知到创业的重要转折时期，大学生科技创新、自主创业越来越成为人们关注的话题，它对个人及社会都会产生深远而积极的影响。然而，自主创业是一项极具挑战性的社会活动，是对创业者自身智慧能力、气魄胆识的全方位考验。除了个人的素质和能力影响创业以外，家庭、学校、社会及亲戚朋友等因素都会影响大学生自主创业。大学生创业的影响因素主要可分为四类：学生的个人背景、个人特质、创业综合素质及创业环境。

（一）个人背景对其创业的影响

无论是个人价值观还是大学生创业价值观的培养，都与个人背景密切相关。经过社会化后，每一个生物人逐渐变为社会人都是一个长期的过程。在社会化过程中，个体不断地接受外来环境信息，并通过与自己外在环境接触而囊括了社会各个方面。每个人从一出生，最先受到家庭和家庭周围社会环境的影响，如人文地理、风土人情等。每个家庭都具有不一样的结构、社会关系和经济情况。纵观社会化的进程，每个个体的价值观的不同是由于每个人所接触的外部环境和家庭教育的不同导致的。价值观在性别差异产生过程中不断发生变化，在成长过程中不断接触不同社会群体，受教育程度逐渐加深等，个体对外在环境也就形成了不同的认知。当成为大学生的一分子后，每个大学生价值观的明显不同是由于专业

和学历的不同等因素在经过大脑加工后产生了不同的观念导致的。这些个体在价值观方面的不同主要可以概括为两个方面：一方面是对自身的价值定位（即个人价值），包括物质财富的评估和追求、个人需求的取向和满足、社会关系的理解和确立、个人权利和愿望的追求、个人成就的愿望、社会地位的愿望、社会认同的愿望以及个人思想验证的追求；另一方面则是个体的社会价值取向，其中包括个体愿意为他人、国家和社会等做出努力。

大学生创业者的创业态度、创业意愿及创业能否成功等方面会在不同程度上受到性别、年龄、专业、学历、经验、个人特长、家庭出身、家庭成员、从业结构等个人背景因素的影响。

（二）个人特质对其创业的影响

在早期的研究中，创业者被认为具有一系列特定的个人特质，这些个人特质驱动创业行为的开展。美国国际开发署的调研结果显示，成功创业的特质主要包括 14 个方面：主动、执着、讲究效率、关注质量、预测风险、具有独到的问题解决方案、发现并利用机遇、具有说服力、亲自寻找信息、系统规划、履行合同、有决断力、有信心、运用具有影响力的战略。另外，创业动机水平存在差异的学生在特质上也具有很明显的差异。有学者认为，控制源、成就需求、风险取向、精力水平、需求、自主水平、个人自我控制和观念等特质都会对大学生的创业产生影响。

（三）创业综合素质对其创业的影响

大学生创业的综合素质指大学生在创业活动中表现出的全面胜任能力，主要由创业意识、创业精神、创业知识、创业能力以及创业思维五个部分组成。

1. 创业意识

创业意识的定义为创业者基于自身及社会发展需求所产生的创业动机或愿望。创业意识的意义为：是市场经济的法律规范、对主体市场进行预测和分析而产生于思维意识之中的价值追求，是决定一名创业者品质的最核心因素。创新意识的作用为：作为创业内在精神动力，既可以提高创业认知，又能使创业的思想准备和专业素质有所提升。较强的事业心、精益求精的精神、注重利益的心态以及对信息的及时把握是大学生创业的基本要求。

2. 创业精神

创业精神指的是创业者在主观世界表现出来的开创事业的意志力等素质。创业是一项既复杂又特别的工作，这一工作要求创业者始终保持创业热情、坚定必胜信念、具有高度责任感。也可以说，创业大学生要有高度的社会责任感与诚实守信的优秀品质，在此基础上良好的心理素质、合作精神、冒险精神与竞争意识等创业精神同样不可或缺。

3. 创业知识

创业知识包括两方面内容，一方面是创业的基础知识，另一方面是需要掌握的专业知识。前者主要包括商业知识、市场运作、法律法规等方面的知识。后者主要包括大学生在校期间所学的专业课程知识，如经济学、市场营销学、管理学、人力资源管理、会计学、财务管理、商法、税法、公司法等。

4. 创业能力

创业能力通常体现为在创业过程中恰当巧妙地用所掌握的知识解决具体问题的能力，对于创业成功与否具有至关重要的作用。创业能力在创业过程中具有非常重要的作用，反映了个体的综合素质，并从某种程度上决定了企业不断拓展和发展的方向。创业能力即创业者各种能力的综合，主要包括学习能力、沟通能力、领导能力和决策能力。

5. 创业思维

创业思维是创业者应该具备的重要品质，用创造性的方法、手段来解决困难或谋划未来的发展，主要有系统思维、发散思维、创新性思维及逆向思维等。此外，大学生的创业活动很容易受宏观经济环境的影响。宏观经济环境主要指政府支持政策及其趋向、地方经济发展水平与生活水平以及生态环境、信息环境和创新文化等，另外还涉及市场、技术环境及相关产业的发展情况等。

（四）创业环境对大学生创业的影响

大学生创业环境可划分为两个方面，即软环境和硬环境。软环境指的是国家对大学毕业生创业所给予的有关优惠政策与措施。硬环境指的是大学毕业生在风险投资机构中可以得到的创业支持。国家政策与法律扶持大学生创业是创业动力形成的政治基础。

1. 教育环境的影响

在高校中，大量的无形资产优势和品牌效应为企业的飞速发展提供了保障。高校本身的信誉度较高，在市场运作中，其产品更容易被客户认可，也更容易产生品牌效应，而大学科技园对于技术创新与技术转移平台的形成、对于创新环境的培育和创业人才的培养、对于科技企业孵化及技术转移的促进、对于高新科技企业的发展均会产生促进作用。

拥有创新创业精神是大学生创业必备的要素，因此培育相应的人才既是高等教育肩负的重要历史使命，也是高等院校教育发展的重要机遇。高校创业教育对大学生创业具有直接影响。创业教育主要由创业技能教育与创业精神教育两大类型构成。创业技能教育指大学通过设置特定的技能课程来提升大学生创业的成功率。中国实施创业教育起步较晚，近年来，随着高校学生就业压力越来越大，很多高校都鼓励毕业生自主创业，同时提供了一些所需的创业教育。

在中国长期的应试教育背景下，学生的个性发展存在一定的局限、创新创业意识不足，因此创业精神教育和创业技能教育相结合的教育形式能够有效促进大学生创新创业行为。

因此，为满足社会对拥有创造性思维和创新能力的各种人才的需要，我国各高校必须尽快大胆地改革创新教育，掌握创新创业是什么，如何进行创新创业。创业教育的非功利性体现在“揭示创业的一般规律，传承创业的基本原理与方法，培养学生的企业家素质，而不是以岗位职业培训为内涵，或以企业家速成为目标”。创新创业教育是通过与专业教育融合来教授创新创业知识，对学生创新创业能力和品质进行培养，让学生在毕业之后能够大胆地步入社会，从而达到自主创新创业与自我发展的目的。因此，一个适合创新创业人才培养的教学体系和管理体系是方向。

2. 社会环境的影响

社会给大学生提供的创业硬软件环境和大学生创业的社会舆论是影响大学生自主创业的两个社会因素。对大学生自主创业而言，“硬”社会环境主要是指风险投资机构对于大学生创业项目所给予的重视与支持；所谓“软”社会环境，就是指大学生创业所涉及的政策环境、法律环境和商业环境等。全社会关于大学生自主创业问题的观点不仅关系到大学生择业问题，而且关系到大学生创业成败问题。

近年来，不得不提的是，新闻媒体对大学生自主创业过度地关注，人们也开始热议大学生创业问题，导致对这个问题的宣传和发表的评价存在“严重偏离适度”的误区。对大学生自主创业的正确态度应该是正确对待和正确评价，而不是吹捧或过度发表悲观的言论。

从大学生选定的创业行业来说，同社会、政府对个体支持的影响相比，行业发展空间与大学生创业有直接的联系，也就是行业的发展空间越大，大学生创业的意愿和成功率就会越高，反之亦然。

3. 家庭环境的影响

家庭环境对于大学生个性特点和背景的形成起着十分重要的作用，处于不同家庭环境的子女的世界观、人生观、价值观及性格和爱好都有很大的不同。研究显示，创业者有无拥有个人公司的亲人对大学生创业有不同程度的影响。创业者创业态度和动机会受到亲人或大学生社交圈内人员创业经历的直接影响，甚至亲朋好友中关于创业的事例，都能够在某种程度上促进大学生独立判断力的提升和职业生涯规划的发展，能够在一定程度上推动了大学生创业。另外，在很大程度上，大学生是否可以走上创业的道路，与家庭对大学生创业的赞成或否定态度有着直接关系。

另外，大学生创业能够获得直接体验社会的机会，极大地开阔视野且提高创新能力，因此可通过提倡和鼓励大学生创业提高他们的能力素质和心理素质。除此之外，在创业过程中的团结协作，可以增加相互了解和团队合作精神。大学生对新发明、新创造充满热情与活力，对新兴的高科技有着强烈的开发进取意识，是推进科技成果市场化进程的重要组成部分。与此同时，大学生创业能极大地推进创业教育的发展和改革。无论大学生创业是否成功，通过创业实践活动的磨炼，都会培养出大批创新型人才，培养出高素质的企业家队伍和塑造出一批未来社会骨干。

二、“互联网 +”背景下大学生创新创业的路径选择

（一）大学生创新创业路径培育

在经济社会转型升级处于关键时期，在创新创业成为一种社会需求的今天，

大学生创业是大势所趋，是现实需要。大学生创业的现实需求如下。

第一，大学生自主创业是经济平稳转型、形势发展的需要。我国正值经济社会转型发展的重要阶段，创新型人才匮乏使企业转型显得格外困难，创新创业教育特别是高校创新创业教育更是高技能创新型人才培养的坚强保证与重要平台。高校应顺应时势，主动顺应市场要求，积极寻求变革，培养具有区域特色和创新创业能力的高技能人才，使更多学生愿创业、敢创业、爱创业、推崇创业，营造良好的创新创业氛围。从目前国内就业环境来看，创业已经是大势所趋，是推动社会经济飞速发展的不竭动力，而创新创业教育则无疑是提升国家经济实力和破解就业难题的良好策略。

第二，大学生创新创业教育已成为高等教育改革的必然趋势。推进“大众创业、万众创新”建设，是充分调动亿万人民群众智慧创造力的一项重大改革举措，也是国家强盛、人民富裕的重要途径，必须坚决破除种种束缚与桎梏，使创新创业蔚然成风，集聚经济社会发展强大新动能，必将掀起新一轮创业高潮。社会对于创新创业人才的需求是前所未有的，这也势必促进高等教育改革步伐的加快。高等教育改革必将成为不可当之势，而创新创业教育正是高等教育改革强有力的突破口和必然选择。

第三，创业已成为大学生自我发展之必需。大学生作为国家栋梁和民族希望，责任心较强，实现自我价值，希望能够获得全面发展，在国家建设和发展中做出应有贡献。通过创业大学生能够充分地展现自己的才能，创造更多的社会价值，从而获得更好的职业发展。

（二）大学生创新创业路径模式

1. 学生组织拓展大学生创业路径

高校基层学生组织应根据高校高等教育规律、学校人才培养工作以及学生发展成才内在需求等因素来推动大学生自主创业，并为他们提供更优质的创业环境与创业条件，从而推动他们愿意创业、勇于创业、具备创业能力并能够顺利地创业。具体而言，基层学生组织可以从以下几个方面促进大学生创业。

一是充分发挥思想政治优势，激发大学生创业活力。高校基层学生组织具有很强的政治性、思想性，作为高校青年学生工作的领导组织者，在开展青年思想政治工作、培养优秀青年等方面具有丰富的经验，这就决定了基层学生组织应以思想政治教育为主要职责。

二是充分发挥各学生组织覆盖面广的特点，积极指导学生自主创业。学生组织自身具有比较完整的组织体系，涵盖的层次比较广，整体组织架构比较明确，纵向从校学生会到院学生会，再到班级，横向从各独立学生支部到院学生会，联系紧密，这样的组织结构使学生工作的开展更加方便快捷，管理人员更易得到下层信息反馈，能够更好地把握学生需求，为学生提供更好的服务。

三是充分发挥学生组织平台优势，提高学生创业能力。发挥学生组织平台优势，主要通过充分利用校内资源、打造创业平台、开展创新创业教育与实践活动等途径来强化学生创新能力与创新创业意识、提高综合素质、减少创业风险。锻炼大学生创业能力首先需制订素质拓展计划，进行拓展训练。针对当前大学生社会经验不足、合作意识不强等现象，积极推行素质拓展活动，并通过举办各种社会实践与志愿活动来促进大学生动手能力、社会责任感、社会经验与创新能力的培养。吸纳各院校的先进经验，把素质拓展计划贯彻落实到位，保证计划的高效执行。

四是多利用学生组织的社会资源构建学生创业平台。高校基层学生组织由于其组织体系的广泛性，蕴藏着大量资源，其中既有人力资源又有资金资源。另外，由于学生组织工作涉及面广、社会化运作机制突出等原因，为学生组织提供了大量的社会资源。学生组织应充分利用这些资源，在大学生创业活动中架起一座桥梁，促进学生创业行为，为社会发展提供助力。

2. 政府支持下的大学生创业路径

创业对于促进就业、促进国家的经济发展具有积极的作用。高校必须与工商业界之间建立更紧密的联系，应以服务社会为其主要职责，以专利转让、兴办科学园和合作开展研究项目等为契机，为社会经济和科技发展提供助力。政府应积极创造条件鼓励和支持大学毕业生自主创业并制定实施创业扶持政策。

（1）倡导创业精神，营造良好的创业氛围

由于部分高校创新创业教育理念滞后，导致大学生创业意识不强、创业热情不高。所以，政府不仅要积极创造条件，鼓励大学生创业，还要积极创造一个有利于大学生自主创业的社会环境，广泛传播创业精神及致富经验，将典型创业人物的创业经验当作大学生创新创业教育中的“活教材”来抓，并引导大学生改变择业观念、提高自主创业意识。

（2）加强制度创新，增强对创新创业教育的宏观指导和行政推动

在高等学校创新创业教育体系下，高等教育中国家的指导思想、政策导向和管理取向对于深化高等学校创新创业教育起着引领作用。目前，我国高等学校创新创业教育体系的建设和实施以及高等学校创新创业教育工作的深入推进，都需要国家和教育行政部门的宏观指导与行政推进。创新创业教育中，要注重对青少年创业意识的培养，在职业教育与高等教育阶段应以发展学生创业素质与创业能力为主，将创新创业教育融入国民教育体系，融入国家教育发展规划，融入教育振兴行动计划，融入青少年思想教育，融入素质教育与职业生涯发展教育。

（3）加大扶持力度，优化大学生创业的政策环境

政府部门应积极思考，如何为大学生更好地获得创新创业教育，并进行创业实践，提供有效的服务与政策支持。这里需要特别指出的是，在制定大学生创业政策时，要从实际出发，制定具有针对性、适应性的措施。与此同时，要进一步健全政府鼓励、扶持政策，改革不适应大学生创业的政府行政管理机制，消除制约创业的体制性障碍，从而形成良好的创业环境。

（4）搭建创业平台，完善大学生创业的社会配套体系

在构建创业平台，建立健全大学生创业社会配套体系中，政府应起到引领和协调作用。一是形成政府主导、高校为主、企业支持、全社会合作和家庭扶持“五位一体”创新创业教育新格局；二是政府积极鼓励与支持成立多个创新创业教育非营利性第三方组织，对高校创新创业教育进行非政府支持以分解高校创新创业教育压力；三是政府应积极扶持大学生创业中介机构，让其在兴办企业、产品开发和科研成果转化等方面帮助大学生争取有关企业的经费支持，并从法律和政策咨询等诸多方面给大学生创业架好桥、搭好台。

第五章　大学生就业创业新思路："互联网＋农业"模式

本章为大学生就业创业新思路："互联网＋农业"模式，主要讲述了"互联网＋县域"成为农村经济发展新引擎、"互联网＋农业众筹"拓宽农村农业发展路径、"互联网＋品牌农业"打造互联网农业品牌、"互联网＋营销"扩大农产品营销战略、"互联网＋农业"大学生创新创业几个方面的内容。

第一节　"互联网＋县域"成为农村经济发展新引擎

一、"互联网＋县域"在促进乡村经济发展中的作用

县域以县级行政区划为地理空间范围，县域经济则是以县城为中心、乡镇为纽带、农村为腹地的区域经济。"互联网＋县域"的模式是以县域为着力点，充分发挥电子商务的作用，从而促进乡村经济的发展。谈及电子商务，很多人最先联想到的想必是网络购物，但网络购物其实只是电子商务的一个领域，真正意义上的电子商务涵盖的范围非常广泛，涉及各个领域、各个行业。电子商务在县域的渗透不断推动着乡村产业结构的调整，促进了工业、农业、服务业三大产业的转型升级，并促进了三大产业的融合。具体而言，以电子商务为发力点的"互联网＋县域"模式对乡村经济发展起到的作用可以从以下三个方面展开论述。

（一）促进了乡村产业的转型升级

电子商务的出现促进了乡村产业的转型升级，尤其对于乡村中占比较重的农业来说，促进了其发展方式的转变。传统的农业发展方式依赖于农业相关技术的革新与发展，从而促进产量与品质的提升，这是农业产业发展的基础，毋庸置疑。

电子商务的出现使农业产业发展的方向更加多元。例如，2014 年，安徽省绩溪县推出了"老乡喊你来分地"的互联网私人定制农场项目——聚土地。消费者可以在电子商务平台上认购土地套餐，认购后每个月可以获得该土地中产出的农产品，包括蔬菜和水果，并且认购后的消费者如果到该地旅游，该地会免费为其提供住宿。该项目推出仅仅 3 天的时间，便达到了 34 万人次的浏览量，认购人数约 3500 人，取得了很好的成效。当然，虽然农业发展的方向更加多元，但特色农产品是其发展的一个重要基础，不能因为更多发展方向的出现而忽视了农产品这一基础，一旦失去了农产品这一基础，整个农业产业的发展将成为空中楼阁，即便再绚丽，也只是虚幻，终将化为泡影。

此外，电子商务的出现还促进了乡村各产业的融合，这也是产业转型升级的一种表现。在 2020 年颁布的中央一号文件《中共中央 国务院关于抓好"三农"领域重点工作确保如期实现全面小康的意见》中便明确指出，要支持各地立足资源优势打造各具特色的农业全产业链，建立健全农民分享产业链增值收益机制，形成有竞争力的产业集群，推动农村第一、第二、第三产业融合发展。农村产业融合是指农村第一、第二、第三产业融合发展，通过产业联动、体制机制创新等方式，跨界优化资金、技术、管理等生产要素配置，延伸产业链条，完善利益机制，发展新型业态，打破农村第一、第二、第三产业相互分割的状态，形成第一、第二、第三产业融合,、各类主体共生的产业生态。借助政策支持与电子商务发展的东风，很多县域基于自身的产业特色寻求产业的融合并取得了一定的成果。

以河南省为例，河南农村农业与服务业也在不断融合，越来越多的农产品生产加工企业开始向提供多元农业服务功能转型，如土地托管、提供新农村建设问题解决方案，帮助农村大力建设发展休闲旅游农业、农耕文化产业园，这些都将成为河南农村第一、第二、第三产业融合发展的"领头羊"，不仅可以为农村居民提高经济收入，还可以为河南农村第一、第二、第三产业融合发展积累更多成功经验。在河南各地对乡村第一、第二、第三产业融合发展路径的探索中，开封市取得的成果尤为明显。开封充分发挥历史文化悠久、特色农业突出等优势，推动"农业 + 文化 + 旅游"融合发展，将特色农产品种养与旅游服务紧密结合，休闲观光农业发展势头强劲。

（二）促进了乡村经济的增长

新常态下乡村经济的发展面临着新的问题，但也迎来了新的发展机遇，电子商务便是其中之一。事实证明，电子商务在促进乡村经济发展方面确实发挥了重要的作用。同样以河南省为例，随着河南省电商进农村综合示范工作的不断深入，县域物流体系不断完善，农村电商取得了较好的成效。

改为“2023年8月6日，河南省商务厅发布的数据显示，上半年河南农村电商发展成效显著，农村网络零售额达784.4亿元，同比增长7.6%，高出同期全省社会消费品零售总额增速1.6个百分点。

浚县商务局负责人表示，该县通过电商开发了10余个知名品牌、60款网销产品，特色产业进一步品牌化、标准化，规模持续壮大。2022年，浚县农产品网络销售额达4.3亿元，同比增长58.9%。

电商赋能产业发展，助力村民走上致富路。兰考县的古筝、古琴、琵琶等民族乐器在全国市场的占有率达35%，还远销40多个国家和地区；通许县的酸辣粉走上全国网友的餐桌。据统计，河南目前已打造出90多个县域电商公共品牌和一大批河南土特产品，通过网货开发、品质把控、统一标准，从初级农产品变为高品质、高附加值的特色商品。

电商红利在农村的释放受益于近年来河南省省持续开展的“电商进农村”行动。河南省商务厅相关负责人介绍，全省累计认定电商进农村综合示范县99个，基本实现了县域全覆盖；累计打造209个淘宝村和144个淘宝镇，数量均居中西部首位。截至去年年底，全省已有近90个县（市、区）实现县乡村物流统仓共配，全省行政村快递服务通达率达100%。广大乡村网上消费既能快捷“送进来”，又能高效“运出去”，有效支撑了电商发展。

（三）推动了乡村的创业就业

农村电商具有广阔的发展前景，对于具有创业想法的人来说，农村电商无疑是一个值得尝试的选择。同时，农村电商释放出的巨大的市场也能够带动就业。2019年8月19日，李克强在部分省份稳就业工作座谈会上指出，做好“六稳”工作首先是稳就业，要把稳就业放在突出位置，并重点提及要发挥新产业新业态促进拓展新就业岗位的作用。在过去几年里，电子商务在带动经济增长的同时，也带动了更多人创业就业。《中国电子商务报告2022》显示，2022年，全国电子商务交易额达43.83万亿元，其中网上零售额达13.79万亿元，同比增长4.0%，实物商品网上零售额11.96万亿元，农产品网络零售额为5313.82亿元；电子商务从业人员达6937.18万人。

对于乡村而言，农村电子商务带来的创业就业机会主要体现在四个方面。其一，作为农村电子商务中农产品、农产品加工品等商品的提供者，很多农民的就业问题自然可以得到解决。其二，对于一些有意向创业的青年人（包括留在乡村和转移到城市的青年人），农村电子商务提供了一个创业的平台，相对于其他行业来说，农村电子商务创业的前景更加广阔，而且成本投入也相对较低，所以能够吸引更多青年人尝试。其三，农村电商的广阔前景会吸引越来越多的企业入驻乡村，研发、设计、制造、售后等产业链上下游环节日趋完善，电商产业加工园区渐成规模，带领新实体经济发展的同时吸纳大批农村人口就业。其四，农村电子商务的规模化发展会产生经济的溢出效应，即农村电商发展的同时会带动交通、仓储物流、人才培训、餐饮娱乐等相关产业的进一步发展，从而产生更多的创业就业机会。

二、“互联网＋县域”促进乡村经济发展过程中存在的问题与对策

（一）“互联网＋县域”促进乡村经济发展过程中存在的问题

1. 缺乏统筹规划，发展思路不清

随着电子商务在县域的不断渗透，越来越多的个人、家庭和企业开始涉足电子商务领域，虽然在宏观的政策上，党中央多次指出要促进乡村电商的发展，但目前很多县级政府、企业、家庭和个人对于电子商务的理解仍旧比较表面，只是将其简单地看成网络购物。在这种认识下，某些县域任由电子商务散漫发展，缺乏统筹规划，更没有一个清晰的发展思路，从而导致电子商务交易额处在较低的水平。

2. 基础条件薄弱，物流体系滞后

电子商务的发展需要比较完善的基础设施支撑，尤其是物流体系的支撑。一些县域的乡村基础条件比较薄弱，物流体系建设也相对滞后，物流配送只能到乡

镇一级，但农产品大多产自乡镇下的各个乡村，从乡村运送到乡镇，虽然距离上并不是十分遥远，但也增加了物流成本，从而导致农产品的成本增加。此外，农产品销售一般对产品的质量要求较高，尤其是一些生鲜产品，如果物流体系中缺乏冷链仓储设备，将会影响农产品的品质，从而影响农产品的售卖。总之，对于一些基础条件薄弱、物流体系滞后的县域来说，物流配送“最后一公里”的问题不解决，电子商务的发展必然会受到限制。

3. 人力资源不足，回流引流困难

人力资源不足是制约县域电子商务发展的一个重要因素。在农村电子商务出现之前，很多乡村中的青年人已转移到城市中发展，导致乡村出现了空心化的现象，虽然在乡村电子商务发展的广阔前景下，经过一系列政策的引导，出现了“返乡潮”“下乡潮”，但对县域而言，仍旧存在不小的电子商务人才缺口，尤其对于一些经济发展落后或者电子商务起步较晚的县域来说，人才缺口更大。面对较大的人才缺口，各县域政府都出台了一系列引流的政策，以此来引导、吸引更多的人返乡、下乡发展，但实际效果却不尽如人意。剖析其原因，除了与各县域自身的因素有关，一个重要的原因是人们对乡村电子商务发展的可持续性存在担忧，不敢冒险尝试。

（二）“互联网 + 县域”促进乡村经济发展的对策

在“互联网 +”的背景下，互联网消费已经悄无声息地渗透生活的方方面面，影响着每一个人的生活。县域电子商务在发展的过程中不可避免地存在着一些问题，这些问题有些是主观的，有些是客观的，有些虽然暂时难以解决，但有些也能够快速解决。基于这一认识，在笔者来看，县域乡村电子商务的发展应该以农村特色资源为依托，以服务体系建设为基础，以资金保障体系建设为重点，以示范带动为突破口，以平台建设为支撑，以电子商务应用人才培养为保障，大力推进电子商务进农村，从而促进乡村经济的发展。

1. 创新发展理念，做好统筹规划

对“互联网 +”思维的认识不足是政府、企业和个人对电子商务认识存在片面化的一个重要原因。所以要使“互联网 + 县域”在促进乡村经济发展方面发挥更大的作用，就需要加深政府、企业和个人对“互联网 +”的认识，了解“互联网＋县域"下电子商务对乡村经济发展的促进作用，科学、理性地看待电子商务影响下乡村产业的转型与升级，并在此基础上创新发展理念，开创新的商业业态与模式，从而进一步促进乡村经济的发展。当然，"互联网＋县域"促进乡村经济发展是一项系统的工程，需要有计划、分阶段地落实。因此，在创新发展理念的同时，还需要站在一个长远发展的高度上，做好统筹规划，保障乡村电子商务健康、持续发展，从而持续为乡村经济的发展提供助力。

2. 依托本土资源，实现特色发展

县城电子商务发展应依托当地山清水秀的自然资源，着眼于当地的特色产业，开发优质资源，积极打造当地具有本土特色的品牌产业，同时优化升级并延长产业链。推动以当地特色资源为基础的"绿色生产—分级加工—多元销售"的电子商务发展模式，实现"一县一品""一村一品"的多元差异化发展策略，最大限度地满足消费者需求，打造核心竞争力，为县城电商在激烈的市场竞争中的快速发展奠定基础。虽然有些县域自然资源较差，但本身具有悠久的历史，且在历史的传承中形成了独特的文化，这些县域便可以以历史文化为依托、以农产品为辅助，打造"文化—休闲—农业"为一体的旅游模式，在促进融合的基础上，促进乡村的经济发展。概言之，县域要依托本土资源打造具有自身特色的县域电子商务。在具体实践中，可充分学习和借鉴较成功县域的经验，结合本土县域的实际情况进行科学的顶层设计，并形成具体的实施方案，从而借助互联网的东风逐步形成适合自身发展的县域电子商务。

3. 建立协同机制，加强主体协同

以打造特色品牌农产品为着力点，建立完整的电子商务生态系统，实施实时的数据采集、分析，进行动态监测，夯实现代农业基准数据基础，发展科学农业、数字化生产，推动地方传统农业电子商务化，为县域经济添砖加瓦。而为了实现县域乡村电子商务发展的新模式、新突破，需要以政府为主导建立协同机制，促进政府、企业、高校和家庭（个人）的有机结合。在具体操作中，政府需要发挥牵头作用，可以成立专门的电子商务工作领导小组，相关政策以及具体方案由工作小组监督落实，为县域电子商务的发展营造一个良好的环境氛围；在政府的主导下，企业肩负起打造品牌、建设平台、物流配送等方面的责任，逐步推进电子商务在县域各领域的应用与发展；高校则应肩负起培训人才的责任，面对电子商务人才短缺的情况，除引导人才回流，还需要加强人才的培养，而在人才培养上，高校除了通过正规教育培养专业人才外，还应该与各县域的政府或企业联合起来，对当前从事电子商务的人员进行培训，提高他们的专业素养；乡村中的个人或家庭要不断学习新知识，了解绿色生产的思维与技术，加深对电子商务的认识，作为乡村经济发展的直接受益人，只有对"互联网+"和电子商务有一定的了解，才能以此获得更多的经济效益。

第二节 "互联网+农业众筹"拓宽农村农业发展路径

一、"互联网+农业众筹"的概念

（一）众筹

众筹即大众筹资或群众筹资，是一种向群众募资，以支持发起的个人或组织的行为。众筹的本质是一种融资方式，由发起人、跟投人、平台构成。其中，项目发起人一般具有敏锐的市场洞察力，能够洞悉市场的走向，但缺乏相应的资金启动项目，于是向大众发起众筹；跟投人如果对发起人的项目感兴趣，便可以出资支持；平台的作用是连接发起人与跟投人，一般为互联网平台。因此，当前所指的众筹多指互联网众筹，即利用互联网将分散的资源通过互联网这一渠道进行整合，并利用这些整合的资源创造价值。

（二）"互联网+农业众筹"

"互联网+农业众筹"是在众筹的经济模式下衍生的，其具体的运行也包含经济众筹这一步，但其概念和内涵有所改变和延伸。所谓"互联网+农业众筹"，从字面意思来看，就是"互联网+农业+众筹"，但就其内涵而言，却并不是简单将三者相加，因为在这一模式中，投资者并不只是单纯的投资者，他们同时还是消费者，其投资的资金，一部分将以订单的形式体现，即投资得到的回报，另一部分会以产品的形式体现。由此可见，"互联网+农业众筹"是对原有生产流程的革新，从某种程度上来看，是一种以订单驱动农业生产的经营生产模式。

"互联网＋农业众筹"依据发起内容的不同，一般可分为农产品众筹、农业技术众筹和公益众筹三种。农产品众筹是以农产品为发起内容，这是目前农业众筹中最为常见的一种形式，具体做法是农户作为项目的发起方，在互联网平台上发起一个与农产品有关的众筹项目，感兴趣的人将资金投放到众筹平台上，农户收到众筹的资金后开始种植相关的农产品，等到农产品成熟后，投资者可选择资金回报或农产品回报，如果选择农产品回报，农户则将农产品邮寄给投资者，这样在无形之中使农产品又多了一个销售渠道。农业技术众筹是以农业技术为切入点，相比于农产品而言，农业技术众筹较少，但随着人们对绿色农业生产理念的重视，一些先进的技术将会逐渐引起人们的关注，如有机化肥、生物农药方面的农业技术。公益众筹的核心在于"公益"二字，参与众筹的人往往不求经济上的回报，与农业有关的公益众筹往往与生态环境保护有关，目前相关的项目非常少，但随着人们对生态环境的关注度不断提升，公益众筹在未来也许会逐渐走进人们的生活。

在"互联网＋农业众筹"模式中，众筹平台作为连接项目发起人和投资者的一个桥梁，其作用又不仅限于联结双方，还发挥着更加重要的作用。项目发起人（农业企业、农户或其他组织与人）在众筹平台上发起众筹，大众在众筹平台上看到相关的众筹项目后，对于有意向投资的项目，会通过平台与项目发起人进行交流，双方做进一步的相互了解；当大众选定了要投资的项目后，便与平台和项目发起人签订协议，然后通过银行或者第三方支付一定数目的资金，支付的资金会暂时由银行或第三方保管。当项目筹集的资金达到了预先约定的额度后，银行或者第三方便将资金按照平台约定的比例分期转给项目的发起人，项目发起人启动项目；如果在约定的期限内筹集到的资金没有达到预先约定的金额，资金会被退还给投资者。从项目启动开始，一直到项目结束回报投资者，平台会持续进行监督。从"互联网＋农业众筹"模式的具体流程来看，众筹平台在"互联网＋农业众筹"模式运行中的作用可见一斑。

二、"互联网＋农业众筹"的模式

根据众筹商业模式的不同，"互联网＋农业众筹"可分为消费型农业众筹、平台型农业众筹和权益型农业众筹三种模式。其中，在消费型农业众筹模式中，投资者也是消费者，投资的过程就是消费资金前移的过程，投资者早期投入的资金最后会以多样化的权益形式回报给投资者。所以在三种众筹模式中，消费型农业众筹模式比较普遍。权益型农业众筹模式因涉及土地产权，在国内尚处于试验阶段，尚没有成功的案例。

平台型农业众筹侧重于构建平台和创造机会，以自身优势提供产品规划、项目发布等服务，撮合有意向的投资者及项目创始人。由此可以看出，平台型农业众筹与消费型农业众筹模式的不同：在消费型农业众筹模式中，平台是基于自身功能发挥作用，平台不会发起众筹项目，但会对项目进行审核；而在平台型农业众筹模式中，平台是项目的发起者。两种模式各有特色，消费型众筹模式为众多有想法的人提供了一个融资的平台，但由于个人的能力有限，个人发起的项目在质量上往往得不到保证，虽然平台也会对项目进行审核和筛选，但与平台发起的项目相比，在质量上也存在一定的差距。平台型农业众筹模式的不足在于平台不对个人开放，其项目是为平台运营者的利益服务的。相较于消费型农业众筹模式而言，平台型农业众筹模式应用较少。

三、“互联网＋农业众筹”可持续发展的对策

“互联网＋农业众筹”模式拓宽了乡村农业发展的路径，但“互联网＋农业众筹”在发展的过程中也面临着诸多困境，所以需要构建涵盖政府、农业众筹平台和众筹发起者三方的解决策略，从而促进“互联网＋农业众筹”模式的可持续发展。

（一）政府层面：推进立法，监控风险

1. 建立风险监控体系

建立风险监控体系的目的在于稳定市场的秩序，因为农业众筹面临着诸多的风险，这些风险中很多都是客观存在的，但通过建立风险监控体系，可以将一些主观因素导致的风险降到最低，并降低一些客观风险带来的危害，从而为农业众筹的发展营造良好的环境。在具体的操作过程中，政府首先要加强对农业众筹平台的监管，对农业众筹平台的准入设置一定的标准，因为农业众筹平台起着连接众筹发起人和投资者的作用，并且在项目具体的实施中起着监督的作用，如果农业众筹平台不合格，那么众筹的项目包括众筹完成后的后续环节都无法得到有效

保证。在设置准入标准的基础上，还需要对已经上线的平台进行定期的审核，对于不符合标准的平台取消其经营牌照。这样，便可以最大限度地保障平台的合法性与规范性，提升投资者和众筹发起人的信任度。其次，政府可以引导建立众筹行业协会。随着"互联网＋农业众筹"模式的不断发展，农业众筹平台的数量和规模将会越来越大，行业协会能在某些方面弥补政府的不足，从而与政府联合，更好地对农业众筹平台进行监管，进而保障众筹平台的良好发展。

2. 完善农业保险制度

在农业种植的过程中会存在不可控的自然灾害风险，而自然灾害风险一旦出现，便会造成农产品产量和品质的降低，从而导致项目发起者以及投资者的收益受损。对于项目发起者来说，风险事件在造成其收益受损的同时，还会影响其履约能力，引发信用风险，进而影响其下一次的众筹。基于此，政府可以引导建立政策性农业保险公司，并给予保险公司一定的支持，如补贴、税收等方面的优惠政策，助力农业保险公司度过发展期。保险公司对众筹项目进行审核之后可以为投保者提供保障，从而减少自然风险造成的损失。

3. 降低投资者准入门槛

在对准入门槛的设定上，提高农业众筹平台的准入门槛能够保障农业众筹平台的合法性与规范性，而降低投资者的准入门槛能够激活市场活力。但是，降低投资者的准入门槛也会带来一些不可预知的风险，所以在降低投资者准入门槛的基础上，还需要制定投资者认证制度，具体包含以下两方面的内容。其一，制定差异化准入制度。在投资者投资之前，先对其风险承受能力进行评估，然后根据投资者风险承受能力的不同制定相应的准入门槛。其二，制定投资限额制度。投资在带来回报的同时，也存在着风险，降低投资者准入门槛之后，一些没有投资经验的人也会进入这一领域，这些人的投资具有较大的盲目性，存在的风险也更大，为了降低投资风险带来的经济损失，应该针对不同的投资者设定不同的投资限额。这样，便可以在降低投资者准入门槛的基础上避免一些不可预知的风险，从而维持农业众筹市场的活力，促进其健康、可持续发展。

（二）农业众筹平台层面：优化服务，提高信任

1. 优化平台服务质量

农业众筹平台在连接众筹发起者与投资者的同时，也起到服务与监督的作用。

就服务而言，提高平台的服务质量，能够提高投资者与众筹发起者对平台的信任，所以平台首先要做的就是优化服务质量。具体可以从以下几方面着手。其一，辅助众筹发起者优化项目设计。对于众筹发起者来说，如何在众多的项目中吸引投资者的注意非常重要，因为投资者登录农业众筹平台后，其面对的项目很多，有些投资者不会对这些项目一一去做深入的了解，能不能吸引投资者了解项目，能不能给投资者留下比较好的第一印象非常重要，而这些就需要通过项目设计去达成。但是，很多众筹发起者对项目设计并不了解，所以这时就需要平台为他们提供帮助，辅助他们进行项目设计，为项目增光添彩。其二，为投资者提供咨询服务。有些投资者对农业种植相关的内容并不是十分了解，这导致其在选择项目时常常会犹豫不决，而与项目发起人的沟通有时也不能获取自己想要的信息。基于此，平台可以建立专家咨询系统，为投资者提供一些专业的咨询服务，帮助投资者获得更多有用的信息。其三，构建完善的物流体系。将农产品作为投资者回报的一部分在农业众筹中非常常见，这种方式涉及农产品的邮寄，如果平台能够提供相应的物流服务，那么便可以极大地提高众筹发起者操作的效率，进而提高平台对众筹发起者的黏性。因此，当农业众筹平台规模较大时，可以考虑构建完善的物流体系。基于当前各大物流公司的物流体系已经发展得比较成熟，所以农业众筹平台物流体系的建设可以依靠这些大的物流公司，与其进行深度的合作，完善自身的物流配送体系。

2. 建立信任机制

由于农业众筹是一个新兴事物，因此很多人对农业众筹顾虑重重。因此，要提高人们对农业众筹平台的信任，需要建立信任机制，具体措施包括以下两个方面。其一，保障资金的安全。投资者最为关注的就是资金的安全性，为了打消投资者的顾虑，平台要妥善处理筹集到的资金。目前比较常见的方式是交由第三方金融机构进行管理，众筹发起者要使用这些资金需要向第三方金融机构申请，并且在发起者使用资金的过程中，第三方金融机构有权对其进行监督，并对资金使用情况向投资者进行披露，让投资者了解资金的去向以及使用情况。其二，保障农产品的质量。除了对资金安全情况的担忧，很多投资者也对农产品的质量存在担忧，担心农产品不能达到预期的质量。基于此，平台应发挥其监督者的作用，督促项目的实施。具体做法有以下三种：第一，平台与众筹发起者就项目实施签订保证书，要求项目按照约定实施，如不使用农药、化学激素，使用有机肥等，以此来进一步保证农产品的质量。第二，平台可以要求众筹发起者在实施项目的同时安装24小时监控设备，将监控视频定期上传平台，方便投资者了解种植的情况。第三，平台在与投资者沟通的基础上组织投资者参观和考察项目实施地，这样投资者便可以近距离观察农产品的种植情况，从而使投资者在与农产品的零距离接触中提高对平台的信任度。

（三）众筹发起者层面：提升品质，创新项目

1. 提升产品质量

对于众筹发起者来说，提升产品质量是保证其项目持续发展的重要前提，原因是一旦质量无法保证，众筹发起者就将失去投资者的信任，进而引发信任危机，这不仅影响当前项目的持续发展，还会影响其他项目的开发。因此，在实施项目的过程中，众筹发起者一定要加强对项目的管理，保证农产品的绿色健康。当然，众筹发起者个人的力量是有限的，众筹发起者可以寻求与当地龙头企业的合作，引入一些先进的经验和农业技术，以此来提高农产品的质量。

2. 打造农业品牌

要想实现项目的可持续发展，在保证农产品质量、获得投资者与平台信任的基础上，还需要打造农产品品牌，进一步提高产品的影响力，逐渐形成品牌效应。在打造农业品牌的过程中，众筹发起者不能只关注农产品质量，还需要在其他方面做出努力。具体可参考以下几点。其一，结合地域特色打造特色农产品，使产品具有独特性。其二，为项目发起者打造独具特色的个人形象，使项目发起者与投资者和其他消费者逐渐建立起情感纽带，进而提升品牌的美誉度与影响力。其三，借助互联网进行营销宣传，扩大产品的知名度，同时设计一些有特色的产品包装，提升产品的附加价值。

总而言之，"互联网＋农业众筹"模式的出现为更多具有农业创业梦想的人提供了一个机会，也为更多想要参与到农业投资中的人提供了一个途径，同时拓宽了乡村农业发展的路径。但作为一个新兴事物，只有实现可持续发展，才能持续为乡村农业发展提供助力，这就需要政府、农业众筹平台和众筹发起者共同努力，从而在三者的共同努力下实现"互联网＋农业众筹"模式的可持续发展。

第三节 “互联网+品牌农业”打造互联网农业品牌

一、“互联网+品牌农业”解读

（一）品牌农业

要了解品牌农业，首先要了解何为品牌。品牌是一种标志、一种象征，它代表着人们对一个企业的信任，代表着人们对一个企业文化价值的认知度，所以品牌是一种商品综合品质的体现和代表，能够给其所有者带来品牌附加值。品牌农业即在品牌的概念上限定了产业的范畴——农业，同时农业产业具有的独特特征赋予了品牌农业更多的内涵。概括来说，品牌农业就是指农业生产经营者经由有关质量标准体系的认证后，获得相应的商标注册权，在市场上有较高的知名度，能够使消费者产生高度认可，能够取得消费者的高度信任，且在市场上的竞争能力较强，拥有良好的社会口碑，能够获得较高经济收益的农业。

与传统农业的生产、加工、经营方式不同，品牌农业通常具有以下 5 个特征。

（1）安全性。安全性是消费者最为关注的一个重点，原因是农产品是食用性的，如果农产品的安全性得不到保证，将直接危害消费者的身体健康。品牌农业能够保证农产品生产的质量和安全性，这是其形成品牌的基础，也是赢得消费者信任的基础。

（2）标准化。品牌农业农产品的生产和加工都是按照标准化的流程进行的，该流程经过了反复的验证，形成了企业标准，确保生产和加工出来的农产品具有安全和质量保证。

（3）产业链性。品牌农业一般形成了较为完整的产业链，产业链贯穿第一产业、第二产业和第三产业之中。

（4）生产与经营规模性。与以往农户经营的农业不同，品牌产业一般形成了一定的生产与经营规模，而规模化的生产与经营有助于现代化生产模式的形成，同时降低了生产和经营的成本（依据边际效应），从而在为消费者带去优惠的同时也不会降低企业的利润。

（5）价值性。通过品牌的定义可知，品牌可以作为一种增值的无形资产给其所有者带来品牌附加值。品牌农业同样如此，其较高的知名度、消费者较高的信任度能够促使其形成良好的社会口碑，从而提高其价值性。

乡村农业要想实现可持续发展，就必须打造属于自己的品牌，凸显自己的特色，满足消费者的个性化需求。因为随着消费者消费水平的提升，消费者的需求也在不断变化，所以只有满足了消费者需求的变化，才能在激烈的市场竞争中占有一席之地。与此同时，互联网的出现拓宽了品牌农业建设的路径，但互联网平台是开放的，几乎任何一种农产品都可以入驻互联网平台，通过这一平台进行宣传，如果利用得当，便可以缩短品牌形成的时间。因此，要想更充分地发挥互联网的作用，就需要对互联网进行更为系统的分析，建立互联网思维，使其成为促进农业品牌建立的催化剂。

（二）互联网思维

互联网的出现打破了距离上的限制，同时也带来了网络化效应，在这种变革下，企业也应该改变以往的思维模式，逐步形成并运用互联网思维。所谓互联网思维，简单来说就是具有零距离、网络化特征的思维，这是基于互联网消除距离限制、形成网络效应的特点而定义的。当然，这是对互联网思维最基础的定义，要想进一步了解互联网思维，还需要理解以下 4 个方面的内容。

（1）互联网思维并不是因为互联网的诞生才出现的，这种思维一直存在，只是互联网的出现使这种思维体现得更为明显。

（2）互联网思维是一种新的生产力，而生产力往往与特定的生产关系相对应，也就是说一些在以往被奉为金科玉律的标准可能被淘汰，所以互联网思维具有改革和创新的力量。

（3）互联网的出现使原有的生产价值链出现了变革甚至重建和改造，所以互联网思维的运用也可能会对企业产生颠覆性的改变，这种改变无疑是一个系统的过程，需要谨慎对待。

（4）互联网思维的运用不仅可以打破现有的链式价值生产过程，从而向无边界价值网络转化，还可以使企业的价值更加集中、社会分工更加细致。

在当前市场竞争愈加激烈的今天，只有打造出强有力的品牌，才能赢得更多消费者的信任，才能赢得更多的市场份额。因此，企业必须将品牌的打造与宣传作为企业发展的一个重要战略。就企业品牌的宣传来说，不能采取以往那种围绕企业展开宣传的方式，而是以消费者为核心。显然，互联网思维的提出与践行极大地契合了企业品牌传播以用户为核心、“传者—受者”互动为常态的特点，也增加了更新审视角度、更多营销手段和更大传播范围的可能性。这种基于互联网思维的品牌传播正在颠覆传统产业的营销方式，使传统商业模式产生革命性的变化。

总之，企业需要充分利用“互联网 +”、大数据、云计算等信息技术，对市场、产品、用户、企业价值甚至整个商业生态进行重新审视和思考，形成并利用互联网思维，而互联网思维无疑为农业品牌的打造提供了更多的方向和路径。

二、打造互联网农业品牌的方向与具体路径

（一）打造互联网农业品牌的方向

打造互联网农业品牌并非一件容易的事，虽然互联网的出现能够助推农业品牌的形成，大大缩短品牌形成的时间，但企业仍旧需要做出巨大的努力。通过分析当前的农业市场以及农业品牌的形成情况，笔者认为互联网农业品牌建设的方向大致有三个：细分品类领导品牌、专属消费品牌与服务品牌。

1. 细分品类领导品牌

从人们的需求来看，人们对农产品的需求非常多元，而在选购自己所需要的农产品时，往往会受到品牌的影响，优先选择那些品牌效应比较大的产品，这便是品牌效应的影响。其实，农产品的种类非常多，但产品的同质化现象比较严重，很多种类的农产品并没有出现领导性品牌。但从某种层面来看，正是因为还有很多农产品仍旧没有出现领导性的品牌，这就为这些农产品的农业品牌打造留下了的空间。在未来，随着人们对品牌的愈加重视，随着农业品牌化的不断发展，相信越来越多种类的农产品都会逐渐出现细分品类中的领导品牌。

2. 专属消费品牌

人们对于农产品需求的多元不仅体现在种类上，还体现在对农产品层级的需求上，在不同的阶段、不同的场合、不同的时间，人们对农产品的需求都不同。比如，在日常生活中，人们对农产品的需求主要是为了满足基本的饮食需求，更

注重农产品的安全性，而在一些特殊的场合（如请客）、特殊的时间（如节日），人们对农产品需求的层级将提高，除了注重农产品的安全性，还注重农产品的品质，甚至注重农产品所体现的饮食文化。基于此，笔者认为可以将农产品大致分为两个层级：①普通农产品，主要是为了满足人们市场饮食的需求，属于生活必需品，安全性是基础；②中高端农产品，除满足饮食需求外，还满足人们的一些特殊需求，如营养、品质、特色等，所以一些特色农产品也属于中高端农产品的行列，安全性同样是基础。因此，针对农产品品牌建设的一个方向就是在层级上进行一定的划分，针对不同的层级，打造与其相应的专属消费品牌。

3. 服务品牌

目前人们对于服务的重视程度与日俱增，所以通过服务去打造农业品牌无疑也是一个发展的方向。其实，从产品营销的整个过程来看，服务自始至终都不可或缺，包括产品的推广服务、购买服务及售后服务，如果能够为消费者提供良好的服务体验，就能够为消费者带去良好的购买体验，从而提升企业与产品的品牌口碑。总之，在产业融合发展的大趋势下，将服务品牌作为农业品牌建设的一个突破点无疑是一个不错的选择，但我们也应该清醒地认识到服务只是打造农业品牌的一个途径，其基础是农产品，不能为了服务而服务，要兼顾农产品的质量，这样才能使形成的农业品牌更为长久。

（二）打造互联网农业品牌的具体路径

在发展互联网农业品牌化的过程中，应该将生产、流通、推广、消费等环节通过互联网平台进行有机融合，打破以往农业品牌建设中生产、流通、推广、消费等环节相互割裂，消费者体验差、参与度低的状态，使农业的整个生产链有机地融为一体，从而快速推动农业品牌化发展。

1. “互联网＋”下的规模化、智能化生产

要在农业借助互联网进行品牌化发展的过程中融入规模化、智能化的生产理念。所谓规模化，顾名思义，就是生产具有一定的规模，这样才能在市场中产生一定的影响力和知名度。比如，近些年备受人们喜欢的农业观光休闲景点，正是因为具有一定的规模，才能形成壮观的场景，如万亩油菜花、万亩桃花林等。智能化是现代农业发展的必然趋势，引进智能化的生产设备不仅可以提高生产效率，还可以使生产流程更加标准化，从而提高产品的品质，提高人们对农产品的信任

程度。例如，新疆棉花的生产早已经脱离了传统的人工生产模式，实现了高度的机械化、智能化生产，北斗卫星导航系统、高分卫星观测系统、风云气象卫星等现代化航天装备的助力使新疆棉花生产的效率大大提高，也在一定程度上提高了新疆棉花的品质，进一步扩大了新疆棉花优质品牌的影响力。

2.“互联网+”下绿色、可追溯的加工模式

食品安全问题一直是消费者最为关注的话题，消费者希望买得方便，更希望能够买得放心、吃得安心，而绿色、可追溯的加工模式无疑给消费者吃了一颗定心丸，让消费者能够清楚、明了地看到加工过程，从而消除对食品安全的担忧。首先，企业要树立绿色加工理念，保证食品加工过程的绿色和健康。其次，企业要借助互联网平台将加工的过程进行动态化、透明化的展示，推倒矗立在消费者与食品加工中间的那道隐形的墙。最后，企业要建立产品加工的可追溯机制，让广大消费者对产品加工进行监督，消费者有任何疑问都可以通过产品追溯机制获取想要了解的信息，以此将企业负责任、消费者至上的形象逐渐植根到消费者心中。

3.“互联网+”下的多渠道推广

对农产品进行推广是提高其市场知名度的一个重要途径，在互联网时代，随着各种互联网平台的不断崛起，人们不再仅仅集中在某一个平台中，而是分散在各个互联网平台中，所以农产品的推广也必然是多渠道同步进行。目前来看，微博、微信、视频平台、短视频平台、购物平台是几个主流的互联网平台，农产品的推广渠道可以以这几个主流平台为主。当然，不同的互联网平台都有其自身的特点，这些特点对特定的人群具有较大的吸引力，在借助这些互联网平台进行推广的时候，企业可以结合自身农产品的特色针对不同的平台有不同的侧重。

4.“互联网+”下保质、快捷的流通模式

与线下购物直接获得商品不同，网络购物有商品配送期，商品配送期的长短不仅影响消费者的购物体验，还可能对产品的品质造成影响，尤其对于农产品来说，保质是一个核心诉求。“互联网+”下农业品牌的打造不能缺乏网络购物这一渠道，但只有实现了保质、快捷的流通模式，才能给消费者带去良好的购物体验，才有助于农业产品品牌化的发展。要实现农产品保质、快捷的运输，就必须要有完善的物流体系作为支撑，尤其要具备冷链物流系统，这样可以大大降低农产品腐烂、变质的风险。

5．"互联网＋"下体验式的消费模式

随着人们生活节奏的加快、工作压力的加大，人们对休闲娱乐，对回归自然、返璞归真的渴望愈发强烈。在这种背景下，农业休闲旅游逐渐兴起。农业休闲旅游就是让消费者走进农业生产基地，让消费者在融入大自然的过程中实现身心的放松。与此同时，消费者在观光体验的过程中，对农业生产有了更为深入的认识，并且在近距离的接触中产生了信任感，有助于品牌的形成。例如，河南鄢陵的花木生产基地依据花朵春夏秋冬四季变化的特点，打造适合各个季节的观光休闲活动，吸引了大量的游客参观。另外，基地还设计了与鲜花有关的生产加工工艺展示模块，为游客揭开了生产加工工艺的面纱；还设置了文创产品设计体验区，游客不仅可以了解花草苗木，还可以进入体验区了解和体验文创产品的设计过程。这一系列的体验安排为游客带去了震撼的效果，深受游客的喜爱，赢得了非常好的市场口碑。

6．"互联网＋"下全方位的服务模式

在农业品牌化发展的过程中，可借助互联网构建全方位的服务平台，以此来推动农业品牌化的进程。该平台可以借助大数据与云计算技术，提供包括信息收集、专家诊断与管理、专门的策划、专业的推广等在内的服务。同时，为了便于平台管理及提高服务的效率，可以将平台系统分为多个子系统，如市场调研与分析系统、专家诊断与策划系统、文化创意设计系统、实时监测与管理系统、推广系统、消费者体验系统等。就农业品牌的建设来说，全方位服务平台的建设能够进一步整合现代农业的产业链条，实现一体化的有机融合，从而推动农业品牌化的进程。

第四节　"互联网＋营销"扩大农产品营销战略

一、农产品互联网营销的内涵与特点

（一）农产品互联网营销的内涵

农产品互联网营销是指在农产品的销售过程中，利用各种信息技术对农产品

的供求、价格等信息进行发布与收集，并以网络为媒介，依托农产品生产基地和物流配送体系，为地方农产品提高品牌知名度、改善对顾客的服务、增进顾客关系、开拓网络销售渠道的一种新型营销活动。①农产品互联网营销并不能简单地理解为在网络上进行农产品的销售，因为互联网的内涵是丰富的，而且农产品本身也是多元的，所以农产品互联网营销同样也具有丰富的内涵。

农产品互联网营销只是整个营销体系的一部分，是整个营销环节的一种策略、一个平台，并不能取代整个营销体系。从某种意义上来说，农产品互联网营销是伴随互联网的产生而形成的一种营销模式，是传统营销依附于互联网而形成的一种新的营销模式，其基础仍旧是好的农产品，也不能脱离农产品的供应商。另外，不同种类的农产品对营销渠道的匹配程度也不同，如果忽视了农产品的特征，可能反而会产生反面的影响。

农产品互联网营销不能以是否成功销售出农产品作为营销成功与否的判断标准。在网络上将农产品销售出去只是农产品互联网营销的一部分，有时农产品互联网营销虽然没有直接将农产品销售出去，但却起到了品牌推广的作用，扩大了品牌的影响力。尤其在O2O模式逐渐兴起的今天，线上与线下相融合，既可以是线下体验带动线上的销售，又可以是线上的营销带动线下的销售。因此，要站在一个更加广阔的视角去理解农产品互联网营销。

农产品互联网营销需要不断创新。互联网的出现及发展拓宽了农产品营销的渠道，同时变革了传统营销理念下消费者与生产者的关系，企业要顺应时代发展的趋势，抓住互联网发展带来的机遇。当然，像很多事物一样，互联网也是一直在发展和变革的，并且其发展和变革的速度非常快，企业不能因循守旧、故步自封，要结合互联网发展的趋势不断创新改革，形成与时俱进的互联网营销理念，这样才能最大限度地发挥互联网的作用，助力农产品的营销。

（二）农产品互联网营销的特点

1. 互联网营销可以实现即时的点对点互动

消费者在购买产品的过程中，如果能够和商家进行即时的互动，及时了解到自己想要了解的信息，购买的意愿将会大大提高。互联网营销借助互联网平台实现了消费者与农产品商家的即时互动，消费者在任何一个时间段与农产品商家沟通，都会有客服为其服务，没有实体店所谓的时间约束。另外，与消费者的多渠道（通过多家互联网平台）沟通与即时互动也使农产品商家有了更多的机会去了解消费者的情况，从而在分析消费者情况的基础上对产品和营销模式进行改革或完善。

2. 互联网营销可以降低成本、提高效率

互联网已经逐渐渗透人们的日常生活中，对人们的生活产生了重要的影响。尤其对于青年群体来说，互联网已经成为日常生活中不可或缺的存在。同时，这些群体又是消费的主力军（包括线上消费和线下消费）。但青年群体对农产品的关注度并不是很高，在选择农产品时，往往会依据农产品的品牌去选择。因此，农产品企业要借助互联网这一连接农产品和青年群体的媒介，对农产品进行品牌宣传，让更多的青年群体能够了解企业所经营的农产品品牌。相较于传统的媒体，互联网以其开放性，极大的降低了营销的成本，而且互联网用户数量庞大，如果营销得当，便可以以较低的成本得到较高的宣传效率。

二、当前农产品互联网营销存在的问题

（一）与消费者的互动不充分

农产品营销（包括互联网营销和线下营销）的对象是消费者，要想使营销的效率最大化，就需要对消费者有一个全面的了解，包括了解消费者的消费心理、消费行为、消费需求等，而对消费者的理解来自与消费者的深入互动。但是，目前很多农产品企业与消费者的互动并不充分，有些农产品企业和消费者的互动仅仅停留在交易的范畴内，如果双方没有产生交易关系，农产品企业很少会主动就其他话题与消费者互动；还有一些农产品企业传统观念较重，他们囿于自身农产品的标签，认为年轻消费者更喜欢潮流和时尚的内容，对农产品这些"土"产品不感兴趣，所以将更多的精力放在农产品本身。将重心放在农产品上的做法无可非议，任何营销方式都是以农产品作为基础，但产品面向的是消费者，如果产品不能满足消费者的需求，即便产品的品质再好，也可能会面临无人问津的尴尬境地。因此，在注重农产品品质的基础上，在借助互联网进行农产品营销的过程中，一定要与消费者进行深入的互动，如在多个互联网平台上与消费者进行深入的交流，收集消费者的看法和建议，以此作为农产品开发的重要参考，从而使农产品既具有品质，又满足消费者的消费需求。

（二）品牌推广的深度不足

推广农产品的品牌是农产品互联网营销的一个目的。但是，在具体的品牌推广中，很多农产品企业都没有形成互联网思维，只是将互联网作为品牌推广的一个平台，推广的方式仅仅是在各大互联网平台曝光品牌。这样做对于农产品的品牌推广确实起到了一定的作用，但这种推广方式的思维模式仍旧没有从传统的电视、电台推广中跳脱出来，依旧将重点放在了曝光度上。如今大众的观念已经发生了改变，仅仅通过曝光产品进行宣传所起到的作用大不如前，有时反而会引起大众的反感，认为这些品牌只是为了曝光而曝光。由此可见，很多农产品品牌借助各大互联网平台进行的推广只是做到了广度的扩展，但深度依旧不足。

（三）营销的个性化不足

个性化指明显的个性差异。在任何时期，人与人都是存在差异的，只是在不同的历史条件下，这种差异会被放大或缩小。在市场经济不发达的时期，人们对生活的追求更多停留在物质层面，而企业面对大众时，考虑的也是大众需求。而随着社会经济的不断发展，人们的物质需求逐渐得到满足，人们的个性被逐渐放大，个性化的需求也因此而产生。在面对个性化需求越来越明显的大众时，企业以往那种满足大众需求的模式已经不能帮助企业获得大众的认可，而且随着农产品同质化现象的加重，个性化的营销就显得愈加重要。不可否认，虽然农产品的种类非常丰富，但农产品同质化的现象却越来越严重，从产品着手，使产品从众多同质化的产品中脱颖而出非常困难，相比较而言，个性化的营销要简单得多。当然，农产品个性化营销的简单是相对而言，就这件事情本身来说也并非易事。个性化的营销不仅要具有个性特点，还需要满足消费者的喜好，否则便成了企业一个人的狂欢。而要满足消费者的喜好，就需要对消费者有一定的了解，这再次说明了与消费者深入互动的重要性。

三、农产品互联网营销的具体策略

（一）注重互动营销，增强消费者黏性

利用互联网对农产品进行营销，不能单纯地将营销目的放在提高产品曝光度

这一层面，要注重与消费者的互动，增强消费者黏性。的确，面对日新月异的互联网技术，特别是移动互联网技术，如今的营销传播越来越像是一种企业和消费者之间的私人对话，企业不仅要回答"如何才能找到我们的客户"的问题，还要想清楚"客户如何才能发现我们"的问题，更要弄明白"客户如何才能充分信任我们"的问题。从消费者情感体验的角度来看，消费者对营销过程的参与度越高，越容易与企业之间产生情感上的联系，从而增强黏性。因此，在农产品的互联网营销中，企业要实现从传统的大众媒体营销向更有针对性的互动营销转型。

企业要实现与消费者的积极互动，首先要了解互联网电商平台以及社交平台的现状，即消费者目前并不是集中在某一个电商平台或者社交平台，而是分散在多个社交平台以及电商平台中，所以企业需要在各个互联网平台进行布局，这样才能接触到更多的消费者。这一点其实并不难做到，只需要在各个平台中注册账号即可，甚至可以申请注册官方账号。其实，在具体的实践中，很多农产品企业也确实进行了多平台布局，但这仅仅是第一步，如何在此基础上与消费者进行深入且有效的互动，才是至关重要的一步，也是比较困难的一步。在此，笔者提出以下几点建议。

（1）通过客服群体，在各个平台中与消费者进行聊天互动，如当官方账号的动态下有消费者评论时，客服可以结合消费者评论的内容，给予正式或者诙谐的回复，以此拉近品牌与消费者之间的距离。

（2）通过明星或者比较有影响力的博主引导消费者进行间接互动。这种操作模式比较复杂，具体实践中可以按照 1：9：90 的定律进行分级，其中，"1"代表明星，"9"代表影响力比较大的博主，"90"代表大众群体。"1"所代表的明星主要起到引起消费者关注和讨论的目的；当有了较大的关注度后，便邀请一些影响力比较大的博主进行宣传，宣传的内容主要为优质的文字或视频，在文字或者视频内容下博主需要与消费者进行积极的互动，引导消费者购买产品；在消费者购买产品之后，只要产品品质有保障，产品必然能够得到消费者的喜爱和信任，这时便会出现消费者效仿博主的情况，即消费者在自己的个人账号中撰写产品使用心得，以便借助优质的产品为自己吸引流量。此时，产品品牌与消费者已经形成了一种间接的互动，其效果甚至超过了直接的互动。

（3）当产品品牌具有了一定的用户群体之后，便可以借助微信社群进行私域流量的经营。例如，当消费者购买产品之后，企业在包裹中附带一张红包卡，卡片上为企业客服经营的个人号的二维码，消费者扫码关注个人号后可以领红包。这样，通过非常低的成本，企业便可以获得一个公众号粉丝和未来潜在的群成员。个人号是与企业官方账号相互补充的，在个人号中，客服人员可以每天发布一些高质量的内容与消费者进行互动，引发用户关注和讨论，同时将各种直播、抽奖、优惠活动、用户调研等发布到个人号中，进一步增加与用户的互动。

总之，互联网的出现打破了企业与消费者之间的空间距离，企业不需要与消费者面对面接触便可以实现深入的互动，企业要善于抓住互联网的这一优势，通过多种渠道、多种方式不断与消费者进行互动，这样不仅能够使品牌的推广更为深入，还可以增强消费者的黏性，同时在与消费者的互动中了解消费者信息，进而更好地指导农产品的生产及明确下一步的营销策略。

（二）利用大数据、云计算等技术，实现营销的个性化与精准化

要实现营销的个性化，需要了解消费者的喜好，实现精准化的营销。在大数据、云计算等技术出现之前，虽然有些人意识到了互联网海量信息的重要性，即通过分析互联网中海量的信息，了解不同消费者的不同喜好，进而结合消费者个性进行精准营销，但由于技术的限制，这一设想一直没有得到实现。直到大数据与云计算等技术的出现，营销的个性化与精准化才逐渐成为现实。基于这一技术背景，农产品企业在进行互联网营销时也要充分利用大数据、云计算等技术，从而实现农产品互联网营销的个性化与精准化。具体来说，可以从以下两个方面来实现。

1. 整合各平台的用户数据

目前每一个平台都会产生大量的用户数据。农产品企业需要将这些分散在各个平台的用户数据收集到一起，然后利用大数据与云计算等技术对其进行处理，从而挖掘出对农产品营销有用的用户信息。在挖掘出企业所需要的数据信息后，需要对用户进行进一步的实时追踪，不断深化对用户的认知，最后针对不同的用户提供不同的个性化营销服务。

2. 精准定位目标群体与广告投放

借助大数据与云计算技术可以找到目标群体，由于目标群体也存在一定的差异，因此在针对目标群体投放广告时也要有针对性，即不同的目标群体看到的广

告内容是不同的。在投放广告的过程中，还可以结合实时的反馈来不断调整广告投放的策略，从而使广告的投放处于一种张弛有度的状态，而不是一成不变的。这种广告投放模式具有较高的性价比，原因是所投放的内容以及观看广告内容的用户更有针对性，即俗话所说的"把钱花在了刀刃上"。另外，在大数据与云计算等技术的支撑下，广告的播放还可以产生一定的关联性，即目标群体所看到的不同广告之间可以进行某种程度的互动，这样便可以产生一种叠加效应，进一步提升广告的效果。

第五节 "互联网 + 农业"大学生创新创业

一、大学生助力"互联网 +"助农优势

（一）德智体美劳综合发展，知识储备广

"十三五"以来，在以习近平同志为核心的党中央高度重视学校体育、美育和劳动教育工作的指导下，大学生通过系统学习和深入研究，在具备了基本学科专业知识的基础上，德智体美劳等多方面的综合素养也在不断提高，学生的知识储备也比较完善。例如，传媒类专业学生所接受的新型媒介传播途径与方式、大众传播学、数字媒体艺术等教学；计算机与信息类专业学生所接受的大数据统筹和网络安全等教学；生命科学类专业学生所接受的现代化农业培育种植等教学；环境与资源类专业学生所接受的地理资源环境与产业发展等教学……让专业化技能与传统直播带货相结合，如传媒类专业可以对单一的直播进行创新，利用色彩、画面、声音、后期配套小视频剪辑等多方面搭配助农类互联网产品的全媒体搭配。各专业学生在各自不同的专业领域都能够对"助农产业"起到一定的帮助，打破"生产与直播"相隔离的局限性，利用更少的人才参与更多的环节，达到"产销合一"，更精更专地高效助农。

（二）信息接受与传达能力快，地域认同感强

目前，直播带货的主要人员是由流量明星、网红组成的，普通农户存在外界

信息接受与输出不对等、先进设备运用能力有限等问题。知名人物带货又存在仅了解书面化的信息数据，难以深入农产品生产基地进行产品的真实性了解等问题，导致出现很多主播过于优化产品，与实际有较大出入的情况。大学生具有思维活跃、视角独特、信息面广等特点，其返乡助农，能够有较长的时间参与乡村实地考察，了解农产品种植与生长的过程，然后在此前提下，运用大数据信息内容，深入地分析地区农业经济发展问题，根据网络与社会的实际情况，为制订网络销售方式与渠道提供较全面和前沿的建议，更好地助推农业现代化。同时，大学生回乡扶贫助农具有较强的地域认同感，适应时间相对较短，心态落差相对较小，能更快地融入家乡。回乡扶贫学生最了解自己的家乡，返乡用所学的知识建设家乡，有基础、有动力、有成就感，为乡村振兴贡献出自己的力量，更精准地打造农产品特色品牌。

（三）政府政策的大力扶持

国家对大学生农林创业提供了直接财政补助，其中有低利息的银行贷款、简单的融资担保、扩大抵押物范围等。大学生在农村进行与生态农业相关创业活动也较为容易获得农村承包土地经营权，农村承包土地的经营权也能在银行进行抵押。政府对大学生生态农业创业项目给予了用地用电支持，可以依法采纳合作、租赁、入股等多种方式使用农村集体土地发展生态农业产业，也可以依托现有的闲置农村房屋发展农家乐等提升农村经济发展的项目。

（三）农村创业成本较低

创业并非一句口号，需要投入相关的资金、技术和时间。大学毕业生具有专业优势和技术特长，时间较充裕，但资金有限。而相比高房价、高人力成本的城市，在农村创业就显示出其特有的低成本优势。首先是农村房租和场地租金成本低，且有当地政府的支持，租约年限比在城市长得多。其次是农村人力资源成本低，农民工就近就业不需要解决吃住等问题，且一般比较能吃苦耐劳。农村的地域优势降低了创业的资金成本和时间成本，减轻了大学生创业的压力。

二、大学生“互联网 + 农业”创业的现状和问题

近年来，国家致力于缩小贫富差距，积极开展精准扶贫、乡村振兴等工作，

而农村"双创"是乡村振兴的生力军，是农业农村发展的新动能，利用互联网技术和信息化的手段能使农业事业焕发新的活力，大学生接受高等教育，对于农业和互联网技术都有所涉猎，但因为传统观念的束缚以及客观条件的不成熟，大学生的"互联网 + 农业"的创业行为存在不少阻碍，具体表现在"互联网 + 农业"领域中的问题有以下几点。

（一）缺乏农业创业意识和热情

大学生对互联网知识的了解程度较高，因此在开展"互联网 + 农业"的创业活动时，具有一定的优势。但是实际情况是大学生从事农业创业的比例较低，一方面，就创业活动本身来说，风险较高，大学生不愿意轻易尝试；另一方面，就"互联网 + 农业"来说，即使是受过专业教育的农业院校大学生，虽然他们掌握一定的互联网技术及丰富的农业知识，但也大多停留在研究阶段，不愿意将知识化为行动，进行该方面的创业。

（二）城乡二元结构突出

改革开放以来，城乡二元结构一直成为束缚大学生"互联网 + 农业"创业的制度藩篱，尽管党中央一直致力于消除城乡二元结构，并提出了"城乡一体化"建设，但是城乡之间的差距仍然存在。因此，许多大学生希望在高楼耸立的城市中扎根，完成自己的"创业梦"，他们相信在这个公共设施更加完善、人才基础更加牢固的城市里更能实现他们的梦想。相比之下，农村发展的滞后性往往使那些抱有"创业梦"的大学生望而却步。

（三）创业模式单一，缺少资金支持

从资金的流向来说，农业产品的特殊性，使得"互联网 + 农业"创业的投入大、投资回收期长，并且现有的"互联网 + 农业"的创业形式大多只限于农产品加工和销售，这类业务的采购成本高，并且产品保质期短也变相地增加了成本，使得农业创新型企业的资金需求大大增加。从资金的来源看，大学生创业初期的资金大多来源于创业团队自身和政府扶植，融资渠道较为单一，并且通过这些途径能得到的资金也十分有限，资金来源严重不足。

（四）物流体系不完善，物流成本过高

由于农产品的保质期较短，农产品的储存成本和运输成本较高，虽然互联网技术能够拓宽农产品的销售渠道，但是随之而来的就是产品的运输问题。为了保证农产品的质量，农产品大多位于自然条件优良但地势偏远的地区，交通十分不便，许多地区物流公司鲜有涉足，再加之偏远地区不良的经济状况，这就大大增加了产品的运输成本和仓储成本。

（五）“互联网＋生态农业”创业项目实施过程覆盖面不全

笔者通过观察部分大学生的“互联网＋生态农业”创业孵化项目发现，项目只是简单地覆盖了其中的盈利环节，忽视了基本环节的强化。大学生“互联网＋生态农业”创业项目实施过程的覆盖面大多数集中于中间的销售渠道，这其实对生态农业产业链整体提升没有过多的影响。如果大学生可以将关注点放在原始阶段，如通过增强自动化项目提高生态农产品或收益，通过增强生态水培项目或者其余种植技术提高农产品产量，或通过开设生态农业研究实验室提高生态农产品存活率和收益率等。

三、大学生“互联网＋农业”创业的具体途径

虽然大学生在“互联网＋农业”领域的创业存在一些问题，但“三农”问题仍是国家工作的重点之一，尤其是和互联网技术的结合更是创造出了新的机会，所以作为中国特色社会主义的生力军和接班人，大学生更应该在政府的支持下抓住机会，投身到“互联网＋农业”的事业中去，针对大学生在“互联网＋农业”领域创业的瓶颈，笔者通过查阅大量文献和实例，有针对性地提出以下建议。

（一）加大宣传力度，解放思想，更新观念

一方面需要打破城乡二元结构，完善农村公共设施，推动城乡公共产品均等化，缩小城乡差距，让全社会认识到农业和其他行业一样，也是推动社会发展的巨大力量；另一方面要引导全社会认识到农村现代化是中国现代化的关键，在农村现代化建设过程中需要广大的高校人才投入到农村创业的大潮之中去，不仅是实现人生价值的渠道，也是带动农村生产力发展的重要引擎。

（二）构建完整的创新创业教育体系，加强创新创业教育

高校要鼓励大学生进行农业创新创业，建立一套从第一课堂到第二课堂的完整的创新创业教育体系。第一课堂的课程用以增长大学生的创业知识，为农业创业活动打下坚实的理论基础，再辅以成功人士的经验分享，可以增加大学生农业创业的信心；第二课堂可以以竞赛或者实际项目的方式进行，为农业创业活动提供实践经验，培养大学生创新精神，增加农业创新创业的可行性。

（三）转变创业方式，加强政府及金融机构支持

对于大学生来说，可以转变创新创业方式，由单纯的复制模仿转变为概念创新，采用互联网企业“轻资产”的运营模式，有效降低成本，并且概念创新更能吸引风险投资进入。除此之外，大学生应该加强创业知识体系的构建，尤其是应该掌握金融方面的知识，以合理地运用资金，节约成本。从外部环境来看，政府应该加强对中小型农业创新企业的扶植，如给予一定的税收优惠等，并且政府应该同金融机构加强合作，建立针对农业创业的融资支持体系，尤其是农村信用体系，保证“互联网＋农业”创新型企业的健康发展。

（四）增加农产品附加值，健全物流体系

农产品对保鲜的要求非常高，在运输中需要冷藏，加大了物流的成本，但是农产品的附加值极低，远小于物流耗费的成本，所以在交通不便的地区，农业生产者不愿支付高昂的运输费用而导致产品大量浪费，解决这个问题的途径之一就是对农产品进行深加工，是指价值提升，以弥补物流成本。为了健全物流体系，政府要加快布局建设重点物流枢纽；构建物流枢纽干线网络体系，重点发展铁路干线运输；健全转运、装卸等物流标准，推进集装箱、托盘等设备标准化，加快发展多式联运。除此之外，政府还应大力支持物流产业的发展，不仅是为了农业发展，更是为了农村的民生问题，还可以帮助农民在当地建立农产品的储藏室，帮助农业发展。

（六）健全相关服务体系

健全创业服务体系，要坚持政策引领。农村创业能力薄弱的一个主要原因是缺少政策的支持，一些地方创业政策贫瘠，产业政策不清，严重制约了大学生创

业的积极性和可行性。因此出台有利创业政策，给大学生提供创业土壤，是推动农村发展的重要一环。各地政府应在全面分析调研当地农业资源、有利条件的基础上，制订有效的利好政策，保证大学生创业有依可循。积极发挥政府服务作用，引导大学生创新创业，加快建立创业孵化平台，构建供给与需求的桥梁，提供必要的创业帮扶政策和创业服务咨询。以更好的政策吸引更多的创业者回乡，为新农村建设添砖加瓦。

健全创业服务体系，要依靠宣传护航。进入新时代，创业面对新的机遇与挑战，以往“酒香不怕巷子深＂的现象被打破，新形势下，酒香也要有人知，要让有利的创业政策引来更多的金凤凰，切实发挥出创业政策的实效。当地部门要根据创业类别进行相应创业政策的讲解和减税降税的措施，让大学生知政策、懂政策、运政策。有效运用线上线下媒体推广当地有利的创业服务政策和创业优势，制作一些 APP、小程序详细介绍本地发展潜力和资源优势，让大学生清晰的感受创业先机，从而壮大创业者主体。邀请农村创业模范、专家召开交流会进行业务交流、经验传授，以身边人成功典型激励创业人员。

健全创业服务体系，要加大资金支持。创新创业离不开资金的支持，农村创新创业之初抵御风险能力较弱，更需要资金的支持，保证创业之路平稳发展。对一些创业资质受到认可的项目提供银行专项贷款和农村小额信贷，做到财政政策和银行政策相结合，切实解决农村创业融资难问题。引进社会资本，争取社会投资，保证资金充足。

参考文献

[1] 刘宗庆，邱向英，李恒毅．大学生就业与创业指导[M]. 北京：中国民主法制出版社，2021.

[2] 朱纪纲，王英鉴．大学生就业指导与创业教育[M]. 杭州：浙江工商大学出版社，2016.

[3] 钱娜，周湘杰，王珂．高职生创新创业指导[M]. 北京：中国铁道出版社有限公司，2020.

[4] 王海明．就业·创业指导与实践[M]. 重庆：重庆大学出版社，2021.

[5] 彭军，谭军，刘义．大学生职业生涯发展与就业创业指导[M]. 北京：北京理工大学出版社，2019.

[6] 孙军，钟堃．大学生职业生涯与就业创业指导[M]. 北京：经济日报出版社，2018.

[7] 董文强，谭初春．大学生就业指导（第2版）[M]. 西安：西北工业大学出版社，2006.

[8] 王艳茹，王金诺．大学生创新创业指导[M]. 成都：电子科技大学出版社，2017.

[9] 张炜琪．基于"互联网+"的大学生就业创业力培养探析[J]. 中国大学生就业，2022（4）：46-50.

[10] 吕田．基于"互联网+"的大学生就业创业研究[J]. 现代营销（下旬刊），2018（2）：77.

[11] 符志云．"互联网+"大学生就业创业教育的路径探究与对策研究[J]. 教育观察，2018，7（7）：66-68.

[12] 王一方．基于"互联网+"大学生就业创业研究[J]. 黑龙江畜牧兽医，2016（22）：287-289.

[13] 李响，李景华，谢国萍．基于"互联网+"大学生就业创业信息化服务平台建设分析[J]. 经济与社会发展研究，2019（9）：226-227.

[14] 魏巍，张解和，李楠 . 探究“互联网 +”背景下大学生就业创业指导工作 [J]. 就业与保障，2021（7）：85–86.

[15] 张晓婷 .“互联网 +”助推大学生就业创业的思考 [J]. 明日风尚，2019（5）：176.

[16] 李忠旺 . 关于新形势下“互联网 +”对大学生就业创业的影响 [J]. 智库时代，2023（12）：29–32.

[17] 白小青 . 新业态视域下大学生创新精神培育研究 [D]. 太原：太原理工大学，2022.

[18] 陈朔 .“互联网 +”背景下天津市普通高校大学生创新创业开展现状研究 [D]. 天津：天津体育学院，2022.

[19] 王逸 .“互联网 +”背景下安徽省高校体育专业大学生创新创业理论探索与实践路径研究 [D]. 安庆：安庆师范大学，2021.

[20] 余华珍 . 江西省民办高校大学生网络创业意愿影响因素研究 [D]. 南昌：华东交通大学，2021.

[21] 黄馨平 . 我国大学生创新创业政策的多源流分析及完善路径研究 [D]. 昆明：云南师范大学，2021.

[22] 魏珊 . 新就业形态下高校毕业生就业能力现状与提升对策 [D]. 徐州：中国矿业大学，2021.

[23] 盛红梅 . 新时代大学生创新创业价值观研究 [D]. 长春：东北师范大学，2020.

[24] 高路平 .K 市大学生创业的政府支持研究 [D]. 哈尔滨：哈尔滨工程大学，2020.

[25] 曹晋 . 新媒体背景下大学生创业价值观培育研究 [D]. 长春：长春理工大学，2020.

[26] 王东明 . 当代大学生创业教育研究 [D]. 哈尔滨：哈尔滨师范大学，2020.